W0194935

Olivia Kroth

Märchenschlösser und Dichterresidenzen

Literarische Streifzüge durch den Taunus

SOCIETÄTSVERLAG

Das Titelbild und die Illustrationen sind im Original Bilder des Malers Heinz Mais aus Bad Homburg vor der Höhe.

Die Deutsche Bibliothek – CIP-Einheitsaufnahme

Kroth, Olivia:
Märchenschlösser und Dichterresidenzen : literarische Streifzüge durch den Taunus / Olivia Kroth. – Frankfurt [Main] : Societäts-Verl., 2001
ISBN 3-7973-0776-4

Alle Rechte vorbehalten · Societäts-Verlag
© 2001 Frankfurter Societäts-Druckerei GmbH
Satz: Fotosatz Janß, Pfungstadt
Druck und Verarbeitung: Clausen & Bosse GmbH, Leck
Schutzumschlag: Jutta Schneider, Frankfurt
Printed in Germany 2001
ISBN 3-7973-0776-4

Inhalt

Vorwort

Der Taunus

Hinter roten Ziegeln
fängt es an

Und du blickst bis
weit ins Tal
unter einem Wolkenmeer die
kantigen braunen Äcker
Gräser quellen bis
zur Baumgrenze

Bussard segelt
Gedärm auf dem Pfahl
während Abenddunst zieht
Antenne unbewegt

So sieht der Taunus für einen Bauern aus, den Schafzüchter und Dichter Olaf Velte aus Wehrheim. Seine Perspektive ist die von oben ins Tal. Wenn er seine Schafherden versorgt, blickt er auf braune Äcker unter Wolken, auf Bussarde, die um Antennen segeln. Immer noch ist der Taunus ein bäuerliches Land, in welches die Moderne eingezogen ist mit ihren Antennen und dem Fernsehturm auf dem Feldberg.

Wer unten wohnt, in den Wohngebieten am Rande des Taunus, blickt hinauf und sieht die Silhouette der Berge klar gestochen in Blau oder verschwommen in nebligem Grau, je nach Wetterlage. Bei schönem Wetter leuchtet der Taunus morgens und abends in Rot, eingetaucht in das Farbenspiel der Sonne:

Die Silhouette des Taunus II

Auf dem Fahrrad in den Himmel träumend
die Silhouette des Taunus schwarz vor mir
trockenheißer Gegenwind ach
Feuermann sprang über Wiesen und Felder
zog sich zur Nacht in die Berge zurück
rot glüht er hinter den Tannen.
Ich muss die Regentrude wecken.
Sie schläft schon zu lange im Brunnen.

Dies ist die Perspektive der Dichterin Uta Franck, die in Kelkheim wohnt. Sie kann hinaufschauen zu den Bergen, wenn sie auf Feldwegen am Fuße des Taunus entlang radelt. Naherholungsgebiet für Städter und bevorzugte Wohnlage für Pendler, die im Ballungsraum des Rhein-Main-Gebiets arbeiten, auch das ist der Taunus.

Der Feuermann, die Regentrude und allerlei mystische Gestalten wie Riesen, Zwerge, Wichteln, gute und böse Feen, nicht zuletzt Frau Holle, die alte germanische Göttin Holda, haben sich in die letzten Schlupfwinkel der Berge zurückgezogen. Hier schlafen sie seit Jahrtausenden, immer wieder von Dichterinnen und Dichtern zu neuem Leben geweckt. Auch das kann der Taunus sein, ein magisches Gebirge, anziehend und geheimnisvoll zugleich, die Heimat von Märchen und Sagen. Der Taunus – ist er eine verzauberte Welt jenseits der Zeit?

Im ersten Kapitel ihres Bildbands *Der Taunus* schreiben Heike Lattka und Rainer Hein:

Alexander von Humboldts Beschreibung des Taunus als „schönstes Mittelgebirge der Welt“ – wer mit offenen Augen sich in der Gegend rund um den Feldberg umgetan hat, wird ihm Recht geben. Es ist eine Landschaft, in die man „eintauchen“ kann, und die ihren geheimen Zauber bewahrt hat. …

Als ein Gebirge von klassischen Ausmaßen mit klassischer Schönheit sah der Rundfunkredakteur Benno Reifenberg den Taunus:

In Deutschland wüßte ich kein ähnliches Landschaftsbild, das seine weite Ebene durch den Auf- und Niedergang einer einzigen Höhenlinie so zusammenfaßt. In dem Verhältnis von Länge zu Höhe, mit dem der Taunus sich den Augen eines Wanderers ausbreitet, ruht eine ganz eigentümliche, beruhigende Kraft. …

Diese Felder, die seit frühgeschichtlichen Zeiten nie Wälder getragen und immer zu Ackerland gedient haben, steigen sehr allmählich zum Fuß des Gebirges an, sie verwandeln sich erst eine halbe Wegstunde zuvor in zart gewellte Senkungen und Hebungen. …

Der Taunus erscheint dem, der so auf ihn zuwandert, als eine vollkommene Form, seine stetige Kurve wird vom Auge sofort erfaßt, er bietet das unerschöpfliche Geheimnis eines Gebildes dar, das Bewegung und Ruhe in sich vereinigt. …

Für diejenigen, die hinaufwandern, ist er „die Höhe“. Für die, die oben stehen, öffnet sich ein wunderbarer Rundblick, aus Benno Reifenbergs Perspektive gesehen:

Die fernen lichten Odenwaldzüge – das Profil vom Melibokus fällt wunderbar fein gezeichnet nach Westen in die Rheinebene ab – oder die langgestreckten linksrheinischen Hügel, südlich von Mainz, wirken nur als Ränder der Ebene, nicht als Umwallung. Wer oben vom Taunus herniederschaut, spürt die erstiegene Höhe und die helle weitgelagerte Ebene unter sich als Gegensatz und zugleich als Einheit. Er erlebt Erdgestalt, jedoch die irdischen und uralten Formationen fügen sich in ein natürliches vom Menschen nachzuempfindendes Maß. Darauf beruht die Anziehungskraft des Taunus. …

Jetzt sehen wir dieses Taunusblau. Es strebt fast nie nach Rot hin, eher nach einem silbrigen Gelb. Natürlich wechselt es je nach der Himmelsfarbe, aber sein besonderer Grundton bleibt zuverlässig. …

Die Berge schimmern blau, wenn sie am Horizont in den Himmel eintauchen. Meine Perspektive des Taunus ist dieses alle Zeiten überdauernde, endlose Blau und seine Lage zwischen Himmel und Erde, außerhalb von Raum und Zeit:

taunus

zwischen himmel und erde
schlafen die blauen berge
des taunus
und sind doch immer
wach
abglanz
echo
der ewigkeit

Olivia Kroth
Köppern im Taunus, Sommer 2001

1. Kapitel

„Es plauderten drei Hasen"

(Marie Schumacher-Nelles)

Von Fauna und Flora im Taunus

Im Taunus, dieser waldreichen Landschaft, lebt die Tierwelt des Mittelgebirges. In den ausgedehnten Laub- und Nadelwäldern finden sich fast alle mitteleuropäischen Arten von Rot-, Reh- und Schwarzwild. Fernab der Touristenstraßen, auf Wanderpfaden des Hoch- und Hintertaunus, sind Rudel von Rehen zu sehen.

Einst hausten sogar Wölfe und Bären in den Taunuswäldern, wie alte Märchen erzählen. Der Märchensammler Georg Volker Dietrich aus Oberursel hat eine Sammlung von Taunusmärchen herausgegeben, in der Wölfe und Bären vorkommen:

Der Köhler und der Wolf

In den alten Zeiten, als noch Bären und Wölfe in den tiefen Tauruswäldern lebten, wohnte in dem Gebiet zwischen Feldberg und Pferdskopf ein Köhler in seiner einsamen Hütte. Er hatte eines Tages, als er von seinem Meiler in seine Hütte zurückkehrte, einen Wolf, der ihn anfallen wollte, mit seinem derben Knüttel erschlagen. Noch während er sich damit beschäftigte, das Tier zu häuten, um sich aus dem Fell eine warme Unterlage für seine Hütte zu machen, hörte er jammernde Tierlaute und sah einen jungen, eben lauffähigen kleinen Wolf auf sich zukommen, der sich winselnd an das tote Muttertier schmiegte. …

Der Köhler nimmt den jungen Wolf bei sich auf und zieht ihn groß. Der Wolf wird sein Freund und lebt bei ihm. Eines Tages schwatzt ihm ein betrügerischer Händler das Tier ab. Doch der Wolf kehrt zu dem Köhler zurück und steht viele kalte Winter mit ihm durch. Der zahme Wolf stirbt schließlich in einem Kampf gegen einen wilden Wolf um das Leben seines Herrn zu retten:

Nach kurzer Zeit hatte der wilde Wolf den zahmen an der Kehle gepackt und biß ihn zu Tode. Jetzt erst sauste der Knüttel des Köhlers herab, traf den Wolf aber nur auf den Rücken, worauf dieser heulend davonsprang. Der Köhler beugte sich zu seinem treuen Gefährten, der ihn mit brechenden Augen ansah. Dann fiel der Kopf zur Seite und der Wolf war tot. Seinem Herrn rollten die Tränen über die Wangen. Er ging in tiefer Betrübnis in seine Hütte zurück und holte einen Spaten, um das treue Tier einzugraben, bevor die Wölfe, von dem Blut angelockt, zurückkehren würden. Doch die Erde war so hart gefroren, daß das Ausheben einer Grube nicht möglich war. So nahm er das tote Tier auf die Arme und trug es zu seiner Hütte, wo er es neben der Tür ablegte und mit dem Spaten einen hohen Schneeberg auf dem treuen Gefährten auftürmte. Er schüttete Wasser auf den Schneeberg, so daß eine feste Eiskruste entstand, die kein Wolf durchbrechen konnte.

Hier ruhte der Wolf, bis nach einem Tauwetter die Erde so weit aufgetaut war, daß der Köhler das tote Tier neben seiner Hütte begraben konnte. Lange trauerte er um den toten Begleiter, dem er das Leben geschenkt und der es ihm mit der Rettung seines eigenen Lebens und mit der Treue bis zum Tode vergolten hatte.

Gerta Walsh, Stadthistorikerin in Bad Homburg vor der Höhe, berichtet in ihrem Buch *Bad Homburg kurios*, dass noch bis in das 19. Jahrhundert hinein Wölfe aus den Wäldern des Taunus den Menschen zu schaffen machten:

Mit Tieren hatten die Bürger oft ihre Not. Da waren einmal die Wölfe aus den Tauruswäldern, deren man sich zeitweise kaum erwehren konnte. …

Die früheste Erwähnung eines Wolfes stammt aus dem Jahr 1516, als der einen Faselochsen, also einen Zuchtstier, angefallen, bis zur Notschlachtung verletzt und damit einen Schaden von drei Gulden verursacht hatte. Schlimmer erging es 20 Jahre später drei städtischen Wächtern: Ein „rasender" Wolf, vermutlich von der Tollwut befallen, tötete sie. Während des Dreißigjährigen Krieges (1618–1648) und danach konnte man von einer Wolfsplage sprechen, deren man durch Jagden im Taunus Herr werden wollte.

Am 8. Januar 1789 brachte die „Hochfürstliche Hessen-Homburg privilegierte Staats-Zeitung" die beunruhigende Meldung, in der Nähe der Stadt seien Wölfe gesichtet worden. Sie zogen sich später in den Hintertaunus zurück und machten die Gegend um Usingen unsicher; hier konnte der letzte Wolf am 29. Januar 1841 in Hasselborn erlegt werden.

Von einem gefährlichen Bären erzählt Georg Volker Dietrich in dem Märchen

Der Bärentöter von Bremthal

Der Daisbach, der von Niederjosbach kommend in Richtung Eppstein fließt, bildet ein liebliches Tal, an dessen südlichem, ziemlich steilem Hang ein kleines Dorf liegt, das Bremthal heißt, obwohl es keineswegs im Tal liegt, sondern an den steilen Hang fast angeklebt erscheint. …

In Bremthal wohnt Volkhart, ein Bauernsohn, der auszieht um die Welt kennen zu lernen:

Volkhart, der kein festes Ziel hatte, sondern auf gut Glück in die Welt zog, wandte sich zunächst nach Norden und geriet immer tiefer in die Taunuswälder. Schon am ersten Tag hätte seine mit so großer Hoffnung begonnene Wanderung beinahe ein schreckliches Ende genommen, wenn sein Mut und seine Besonnenheit nicht einen Pakt mit dem Glück eingegangen wären.

Es war am Nachmittag. Volkhart hatte gerade eine Rast eingelegt, sich gestärkt und dann sein Bündel wieder am Stock über die Schulter gelegt und war pfeifend weitergegangen, als er plötzlich in nächster Nähe ein bösartiges Brummen vernahm. Bevor er sich noch richtig umgesehen hatte, stand er einem Bären gegenüber, in dessen Revier er offenbar eingedrungen war und von dem er als Eindringling und Feind angesehen wurde. Das mächtige Tier erhob sich auf die Hinterpranken und ging wiegenden Schrittes mit ausgebreiteten Pranken auf Volkhart zu. …

Volkhart rettet sich auf einen Baum, aber er hat nicht mit den Kletterkünsten des Bären gerechnet:

Während Volkhart sich auf den Baum schwang, begann der Bär am Stamm aufwärts zu klettern. Volkhart kletterte höher und höher, aber der Bär folgte langsam und unerbittlich und trieb den jungen Mann vor sich her, wobei er ein grimmiges Brummen hören ließ. Volkhart sah den geöffneten Rachen des Bären mit den mächtigen Zähnen immer näher kommen und überlegte voller Angst, wie weit er noch klettern konnte. Inzwischen war der Stamm dünner geworden und Volkhart erkannte, daß der Bär ihn in kurzer Frist erreichen mußte. …

Der Bär war so weit herangekommen, daß er eine seiner Vordertatzen hochschwang und den Ast erreichte, auf dem der junge Mann saß. Volkhart erkannte, daß er im nächsten Augenblick wie eine reife Frucht vom Baum geschüttelt werden würde. Er hatte seinen Bogen von der Schulter genommen, um sich bis zum letzten Augenblick zu verteidigen. Da er sich mit einer Hand festhalten mußte, hatte er nur die Rechte zur Verteidigung frei. Im Augenblick, als der Bär seinen Ast erreichte, holte Volkhart mächtig aus und ließ den schweren Bogen auf die Tatze des Bären niedersausen. Mit einem Schmerzenslaut ließ der Bär den Ast los. …

Der Ast, auf dem er sich mit heftigen Bewegungen festzuhalten suchte, senkte sich nach unten und der Bär stürzte in die Tiefe. Unten fiel er mit dem Kopf auf einen nur wenige Zentimeter aus dem Waldboden ragenden Stein, schlug noch einmal mit den Tatzen um sich und blieb reglos liegen. …

So hat der Märchenheld noch einmal Glück gehabt. Außerdem erzielt er für das Fell des Bären im Nachbarstädtchen Eppstein eine schöne Summe Geldes und lernt seine künftige Frau Hemma kennen, die Tochter des Kürschners, der das Bärenfell kauft:

Damit ist die Geschichte eigentlich zu Ende. Volkhart blieb bei dem Meister, lernte sein Handwerk und führte mit Hemma eine glückliche Ehe. Obwohl er keinen Bären mehr erlegte, hieß er im Städtchen nur der Bärentöter.

Heute brauchen sich die Menschen im Taunus nicht mehr vor großen Raubtieren zu fürchten. Diese Tierarten sind nicht mehr heimisch in den gut durchforsteten Wäldern. Auch Luchse und Dachse sind im Taunus ausgestorben. Stattdessen weiden auf den sonnenbeschienenen Taunuswiesen friedlich Schaf- und Kuhherden. Sie erinnern an die beschauliche Lebensweise der Taunusbewohner des 19. Jahrhunderts.

Allerdings können auch Schafherden bedrohlich werden, wenn sie plötzlich die Bundesstraßen queren, wie die Dichterin Anna Sindermann aus Neu-Anspach dies erlebt hat:

Schafskopf

Ich traktiere
den Gashebel
– mal wieder
zu spät dran
Bremslichter
leuchten auf
Eine Schafherde
auf der Bundesstraße
Der Fluch
auf meinen Lippen
erstirbt
in breitem Lächeln
das Zeit
hat

Mit den Schäfern im Taunus hat es seine besondere Bewandtnis. Allzu gesprächig sind sie nicht, das bringt ihr Beruf mit sich. Den ganzen Tag in der freien Natur mit ihrer Schafherde und dem Hirtenhund haben sie die Sprache verlernt, wie Uta Franck erzählt in dem Märchen von der *Prinzessin, die nicht gelangweilt werden wollte.* Sie soll heiraten, fürchtet sich aber vor einem langweiligen Mann. Als erstes heiratet sie einen Gelehrten, der sie bald langweilt. Auch ihr zweiter Mann, ein Künstler, langweilt sie, denn über dem

Malen seiner Bilder vergisst er die Prinzessin. Der dritte Mann, ein Zauberer, kann sie auch nicht glücklich machen. Der vierte, ein Schäfer, erweist sich als ausgesprochen wortkarg und ist folglich auch nicht der Richtige. Die Prinzessin begegnet dem Schäfer bei einem Ausritt durch die Wiesen:

Sie schaute den Hügel hinauf und freute sich an einer Schar von Schafen.

Einige Tiere rupften eifrig Grasbüschel ab. Ein junger Schäfer stand neben seiner Herde. Ruhig und ohne sich zu bewegen beobachtete er die Tiere. „Guten Tag, Schäfer", sagte die Prinzessin. Der Schäfer nickte und betrachtete weiterhin seine Herde. Er kümmerte sich nicht um die Prinzessin. Das war sie nicht gewohnt. Erstaunt ritt sie zurück in das Schloss ihres Vaters und dachte über den Schäfer nach.

Jeden Tag besuchte sie nun den Schafhirten. Nie sprach er ein Wort. Wenn ich ihn heirate, fängt er bestimmt an zu reden, dachte sie. Doch das war ein Irrtum. Auch als Ehemann der Prinzessin blieb er schweigsam. Die Prinzessin langweilte sich entsetzlich. …

Statt noch ein fünftes Mal zu heiraten versucht es die Prinzessin mit dem Regieren. Sie fordert von ihrem Vater, dem König, den Thron. Nicht durch einen Ehemann will sie unterhalten werden, sondern durch die anspruchsvollen Regierungsgeschäfte, die sie fortan selbst in die Hand nimmt. Der König steigt vom Thron und macht seiner Tochter Platz. Und – siehe da – sie schafft es, sich nicht mehr zu langweilen:

Wenn die Regierungsgeschäfte ihr Zeit ließen, dann durchstreifte sie mit ihrem Pferd Felder und Wälder. …

Was mit dem Schäfer geschieht, lässt Uta Francks Märchen offen. Vielleicht ist er froh diese anspruchsvolle Frau anderweitig beschäftigt zu sehen?

Bis nah an die Dörfer heran kommen Füchse und Wildschweine, Kaninchen und Hasen. Die Heimatdichterin Marie Schumacher-Nelles, die in Merzhausen – heute Stadtteil von Usingen – lebte und in humorvoller Dichtung ihr Dorf, die Menschen und Tiere schilderte, erzählt von einer Begegnung mit drei Hasen:

Drei Hasen

Es plauderten drei Hasen –
Gefahr sie ganz vergaßen.
Da kam ich nah heran.
Der erste setzt die Löffel an
und hoppla-hopp, sie liefen
zur Wies' hinab, der tiefen.
Und als ich wieder näher kam,
das gleiche Spiel von vorn begann.
Sie saßen da und sprangen,
kam näher ich gegangen.
So trieb ich lang sie vor mir her,
durch Feld und Wiesen kreuz und quer.
Und als mein Weg mich führte weit,
da sah ich voll Gemütlichkeit
sie friedlich wieder grasen
und plaudern – die drei Hasen.

Von einem besonderen Hasen im Weiltal erzählt Volker Georg Dietrich. Der Hase Pfiffig zeichnet sich nicht nur, wie sein Name schon sagt, durch Pfiffigkeit aus, sondern auch durch das ungewöhnliche körperliche Phänomen, dass er mit acht Beinen ausgestattet ist:

Der Hase von Dorfweil

In den alten Zeiten, als die Dörfer im Hintertaunus noch in tiefer Abgeschiedenheit lebten und an Fremdenverkehr noch nicht zu denken war, lebte in der Gemarkung von Dorfweil ein Hase, der acht Beine hatte. Wie es zu dieser merkwürdigen Erscheinung kam, ist schwer zu sagen. …

Jedenfalls hatte der Hase, ein einfacher graubrauner Feldhase, acht Beine. Er lief aber nur auf vier Beinen. Die anderen vier trug er auf dem Rücken. Wenn er lange gelaufen war und müde wurde, ließ er die vier Beine vom Rücken auf die Erde und warf die müden Beine nach oben zum Ausruhen. Auf diese Weise hatte er immer frische Kräfte und konnte allen Verfolgungen entgehen.

In der Dorfweiler Gemarkung lebte aber auch ein Fuchs, der diesem großen, gutgenährten Hasen schon öfter auf der Spur war, ihn aber noch nie fassen konnte. Er war auf den Hasen besonders schlecht zu sprechen und wartete immer noch auf eine Gelegenheit, ihn zu erwischen. Übrigens hieß der Hase Pfiffig, weil er im Bewußtsein seiner läuferischen Überlegenheit immer ein pfiffiges Gesicht machte. Der Fuchs aber, der ein ganz raffinierter Bursche war, hieß Listig. …

Doch all seine Listen helfen ihm nichts, der Hase ist stets pfiffiger als er und entgeht allen Nachstellungen, was den Fuchs sehr ärgert. Eines Tages glaubt er, dass seine Stunde endlich gekommen sei, denn Pfiffig sitzt auf der Weilwiese, wo er sich schlecht verstecken kann:

Er suchte dort zwischen Gras die zarten Blumenblätter und fühlte sich auf Grund seiner acht Beine ziemlich sicher. Listig umging den Hasen vorsichtig und kam in seinen Rücken, so daß Pfiffig sich zwischen dem Fuchs und der Weil befand. Hier, so glaubte der Fuchs, könne ihm der Hase nicht mehr entgehen, denn er müßte auf die Weil zulaufen. Obwohl der Bach bei Dorfweil noch schmal ist, glaubte Listig nicht, daß der Hase den Bach überspringen könne. Bestenfalls würde er im Wasser landen und dann brauchte er ihn nur noch herauszufischen. …

Der Fuchs verfolgt den Hasen bis an die Weil, doch Pfiffig hat sich bereits einen Plan ausgedacht, während er in rasendem Tempo zum Bach rennt:

Als er bereits den heißen Atem des Gegners in seinem Nacken spürte, war er gerade an der Weil angekommen. Direkt am Ufer, als der Fuchs schon seinen Rachen geöffnet hatte, um ihn mit seinen Zähnen zu packen, schlug er plötzlich einen Haken nach links, der Fuchs sauste über ihn hinweg und landete mit lautem Klatschen in der hoch aufspritzenden Weil. …

So kam es, daß der Hase Pfiffig schließlich doch der Sieger blieb und daß er auch seinen anderen Feinden entging. Wenn er nicht an Altersschwäche gestorben ist, lebt er vielleicht immer noch. Ihr müßt einmal an einem schönen Frühlingsmorgen, ganz früh natürlich, nach Dorfweil gehen und euch in den Weilwiesen nach ihm umsehen. Ihr erkennt ihn leicht, nicht nur an seinen acht Beinen, sondern auch an seinem pfiffigen Gesicht.

Sogar wenn der Hase Pfiffig gerade nicht in der Nähe ist, lohnt sich ein Ausflug in das reizvolle Weiltal mit seinen Wiesen und alten Ortschaften. Vielleicht sind andere Tiere dort zu entdecken, zum Beispiel Eidechsen, die sich sonnen. Diesen Tieren widmet Günther Hecht seinen Beitrag im *Illustrierten Heimat-Kalender für den Taunus 1927*:

Wer je einmal im Taunus die prächtigen Wiesentäler durchstreifte, der hat die munteren, flinken Eidechsen gesehen. … Sie wohnen in Mauer- und Felsspalten, unter Steinen und in alten, verwitterten Baumstümpfen, sie haben ihren Unterschlupf gefunden in Mäuselöchern und zwischen Grasbüschen; ja, oft auch haben sie sich selbst am Wegrand und am Wiesenhang eine Wohnröhre gegraben. …

Die Eidechsen sind neben den Singvögeln und den Fröschen und Kröten unsere nützlichsten Tiere; sie vertilgen im Garten und Feld, in Wald und Wiese, an Weg und Rain große Mengen schädlicher und lästiger Insekten. Sie vertilgen im Jahre das Vielhundertfache ihres eigenen Körpergewichts. …

Die Vogelwelt ist mit über achtzig Brutvogelarten vertreten. Amseln, Meisen, Finken, Krähen, Raben, Schwalben, Tauben, Häher, Spechte und Eulen, auch seltene Raubvogelarten wie der Bussard, der Turmfalke und der Rote Milan leben im Taunus. Hinzu kommen die Arten, die den Taunus als Gäste gelegentlich besuchen.

Amseln singen ihr Lied zu jeder Zeit, auch bei Regen, wie die Dichterin Heide Elfenbein weiß, die bis zum Frühjahr des Jahres 2001 in Altweilnau lebte, Teil der Großgemeinde Weilrod. Dann siedelte sie mit ihrem Mann, einem Professor, nach Cambridge über. Ob die Amseln in England bei Regenwetter auch so schön singen wie die Amseln im Taunus? Vermutlich tun sie es, sonst müssten sie die meiste Zeit schweigen auf der regenreichen großbritannischen Insel, aber Amseln schweigen nicht gern:

Amsellied

Regen in der Nacht.
Ein Amsellied für einen Baum.
Regen, Strophe, Satz.

Aufgewacht im Morgengrauen,
Tränen im Gesicht.
Regen, Strophe, Satz.

Finsternis am Mittag.
Ein Amsellied für einen Baum.
Regen, Strophe, Satz.

Fröstelndes Tief.
Singe trotzdem!
Regen, Strophe, Satz.

Regen am Abend.
Ein Amsellied für einen Baum.
Regen, Strophe, Satz.

Wanderer auf dem Taunuskamm hören das Trommelfeuer des Spechts im dichten Fichtenwald, wenn er unter Baumrinden nach Futter sucht. Schwarz-, Grün-, Grau- und Buntspechte halten sich Bruthöhlen in den hochstämmigen Fichten. Wendelin Mangold, Dichter in Königstein, ist bei seinem Waldspaziergang in das Trommelfeuer geraten:

Specht

Mein Waldspaziergang
verlief friedlich.
Nur zum Schluß
geriet ich unter
Maschinengewehr-
Beschuß.

Doch nicht nur die Begegnung mit Tieren lädt zu Spaziergängen ein, auch für seine Pflanzenwelt wird der Taunus geschätzt:

Auf weiten Strecken dominiert der Wald. Er bedeckt im Hochtaunuskreis, der als einer der waldreichsten Landkreise Hessens gilt, etwa die Hälfte der Fläche. Bedingt durch sein subatlantisches Klima gehört das Land zur mitteleuropäischen Buchen- und Eichenwaldregion. In den niederen Lagen herrscht der Laubwald vor, in den höheren dagegen der Nadelwald. Eine Besonderheit sind die Edelkastanien, die am Südhang des Taunus gedeihen. Kronberg war für seine Kastanien, die hier „Keste" genannt werden, einmal sehr bekannt, schreiben Heike Lattka und Rainer Hein.

Die ausgedehnten Eichen- und Buchenwälder wurden vielfältig genutzt. Aus Eichenbalken wurden Fachwerkhäuser erbaut, mit Eicheln und Bucheckern mästeten Bauern ihre Schweine. In guten Mastjahren wurden die Tiere in den Wald getrieben, wo sie sich selbst versorgten.

In den Eichenwäldern des Taunus wanderte Friedrich Hölderlin, der von 1798 bis 1800 und von 1804 bis 1806 als landgräflicher Bibliothekar in Homburg vor der Höhe lebte. Aus den Gärten von

Homburg stieg Hölderlin gerne hinauf zu den Eichbäumen, dem *Volk von Titanen*. Er liebte ihre Freiheit, die er in seinem eigenen Leben schmerzlich vermisste:

Die Eichbäume im Taunus

Aus den Gärten komm ich zu euch, ihr Söhne des Berges!
In den Gärten, da lebt die Natur, geduldig und häuslich,
Pflegend und wieder gepflegt, mit den fleißigen Menschen zusammen,
Aber ihr, ihr Herrlichen! steht wie ein Volk von Titanen
In der zahmeren Welt, und gehört nur euch und dem Himmel,
Der euch nährt und erzog, und der Erde, die euch geboren.
Keiner von euch ist noch in die Schule der Menschen gegangen,
Und ihr drängt euch, fröhlich und frei, aus der kräftigen Wurzel
Untereinander herauf und ergreift, wie der Adler die Beute,
Mit gewaltigem Arme den Raum, und gegen die Wolken
Ist euch heiter und groß die sonnige Krone gerichtet.
Eine Welt ist jeder von euch, wie die Sterne des Himmels
Lebt ihr, jeder ein Gott, in freiem Bunde zusammen …

Der Hochtaunus zeigt einen anderen Charakter als der flachere Gebirgszug des westlichen Taunus, der sanft nach Wiesbaden und zum Rheingau hin abfällt, einen anderen Charakter auch als die hügeligen Kuppen des Hintertaunus, die im Norden bis Limburg und Weilburg reichen.

Nicht nur hoch ist der Hochtaunus, auch dunkel und streng. Im Nadelwald stehen die Fichten, Föhren und Kiefern dicht beieinander, sodass wenig Licht herabdringt. Oben, auf dem Gipfel des Feldbergs, haben viele Bäume ihre Spitzen verloren, ragen zerzaust zum Himmel. Stürme fegen mit Wucht über die Höhe dahin. Mit seinen 880 Metern ist der Große Feldberg die höchste Erhebung des Taunus, sein schneebedeckter Gipfel ein weithin sichtbares Wahrzeichen im Winter. Auch wenn die Moderne in Form eines Sendeturms von dem Berggipfel Besitz ergriffen hat, ist er doch magischer Anziehungspunkt für viele Besucher geblieben.

Der Dichter, Gelehrte und Philosoph der deutschen Klassik, Friedrich Schlegel, besuchte den Feldberg 1805 auf einer Rheinreise von Frankfurt aus. Ihn beeindruckten die karge Landschaft, Einsamkeit und Stille des Berggipfels.

Wie still ist es hier oben,
Ueber die Berg' erhoben,
Wo kein Gebüsch mehr blüht,
Niemals der Sommer glüht;
Wo selbst der Schall verklungen,
Kein Vogel je gesungen
Ein froh gefällig Lied.

Zum Teppich Moos gebreitet,
Die Felsen weich umkleidet,
Auf wüstem Haidefeld –

Wohin das Auge fällt,
Von Berg, Thal, Schloß und Wäldern,
Ein' unermeßne Welt.

Den Wanderern zusammen
Lodern einsame Flammen
Am Felsenbette auf.
Oede den Pfad hinauf,
Ein schaurig Thal zur Seite,
In nebelferner Weite
Schimmert der Ströme Lauf. ...

Ein besonderer Baum von alten Zeiten her ist die Linde. Lothar Lehmann von der Unteren Naturschutzbehörde in Hofheim schreibt über den schon bei den Germanen verehrten Baum:

Die mehr oder weniger geschlossene Waldvegetation des Urwaldes förderte bei unseren germanischen Vorfahren die Entstehung eines Naturmythos, nach dem Wälder als Kultorte und besonders Bäume als heilig, als beseelt galten. Der Baum war Offenbarung einer göttlichen Kraft. ... Der Name der Linde kommt vom nordgermanischen „linda" und bedeutet Binde, weil der Bast der Lindenrinde früher zum Beispiel in Gärtnereien zu Bindearbeiten verwendet wurde. Der Bast der Linde war das Sisal des Mittelalters.

In der germanischen Mythologie kam der Linde in jeder Hinsicht eine beschützende Funktion zu. Als Friedensbaum war sie der Göttin Freya geweiht, der Beschützerin des Lebens und der Liebe. Walther von der Vogelweide hat sie als Beschützerin der jungen Liebe besungen. Als Thingbaum schützte sie vor Unrecht.

Linden besitzen dank ihrer Schönheit von alters her im dörflichen Raum und Brauchtum unserer Heimat eine besondere Beliebtheit und Bedeutung. Man muß nur an die Dorf-, Tanz- und Femelinden denken, unter denen man sich zur Beratung, zum geselligen Leben im Ortsmittelpunkt, zu Lied und Tanz oder zur Gerichtstagung traf. Die klassische Dorflinde ist die Sommerlinde. Erinnert sei auch an die zahlreichen Volksweisen, in denen die Linde vorkommt und die sie zum meistbesungenen Baum der Deutschen machen. Erinnert sei auch daran, daß viele den Namen des Baumes in ihrem Vornamen tragen, wie zum Beispiel Dietlind, Rosalinde oder Sieglinde. …

Am Ortseingang von Eppstein stehen zwei prächtige Linden. Bei Niederhofheim ist die „Linde an der Feldstraße“ weithin sichtbar. In Schwalbach prägt eine Sommerlinde eindrucksvoll das Ortsbild im Bereich des Ehrenmals. Die „Drei Linden“ in Neuenhain – heute eingemeindet in Bad Soden – bildeten das Motiv für das Neuenhainer Gerichts- und Gemeindesiegel. Nicht selten wurden Linden nach literarischen oder historischen Persönlichkeiten benannt. Die „Schillerlinde“ wächst auf dem Friedhof von Wallau, eine weitere „Schillerlinde“ in der Ortsmitte von Lorsbach. Die „Gustav-Adolf-Linde“ in Seulberg – heute Ortsteil von Friedrichsdorf – erhielt ihren Namen 1853 nach Landgraf Gustav Adolf.

Drei altehrwürdige Linden finden sich auf dem Kirchhof von Oberlauken im Hintertaunus, das wie Alt- und Neuweilnau mittlerweile zur Gemeinde Weilrod gehört. Die Dichterin Hilde Kampermann aus Merzhausen widmet dem lindenumstandenen Kirchlein von Oberlauken ein Gedicht in der Form des asiatischen Tanka:

Oberlauken

Liebliches Kirchlein,
alt und hügelbeherrschend,
lindenumstanden.
Die in deinem Schatten ruhn,
scheinen mir wohlgeborgen.

Bei Wiesbaden wächst die alte, sagenumwobene Blutlinde von Frauenstein. Ludwig Bechstein, spätromantischer Märchen- und Sagensammler aus Thüringen, erzählt die Sage von der Blutlinde in seinem 1853 erschienenen *Deutschen Sagenbuch:*

Blutlinde

In der Nähe Wiesbadens steht bei den Burgtrümmern Frauenstein eine riesige Linde, von der die Sage geht, daß einst an ihrer Stelle sich gar Trauriges ereignet habe.

Ein Fräulein aus dem Geschlechte der Frauensteiner liebte einen ihr nicht ebenbürtigen Jüngling und sah ihn oft, indem sie abends noch außerhalb der Burgfeste lustwandelte, an einem traulich schattigen Plätzchen nahe der Burgmauer, wohin ein sonst stets verschlossenes Pförtchen führte, zu welchem sie allein den Schlüssel bei sich trug.

Endlich nahm ihr harter und stolzer Vater diese Zusammenkünfte wahr, zürnte heftig, überraschte die Liebenden und erschlug den Geliebten mit eigener Hand. Da brach die Tochter jammernd einen Lindenschoß, steckte ihn durch das rinnende Blut ihres Geliebten in den Boden, sprach zu ihrem Vater nie wieder ein Wort und ging in das nächste Kloster.

Täglich weinte sie um ihren erschlagenen Geliebten, der Lindenschoß aber schlug Wurzeln und trieb und ward ein Baum, und solange die trauernde Liebende lebte und weinte, so lange floß Blut aus des Lindenbaumes Gezweig, so jemand ein Blatt oder einen Ast abriß.

Das tat aber bald niemand mehr, denn die Menschen scheuten sich, und so erwuchs die Blutlinde zu mächtiger Höhe und Dicke, und können den Baum jetzt kaum vier Mann umklaftern.

Linden und Eichen, Holunder und Apfelbäume, sie gedeihen gut im Klima des Taunus. Heiße Sommertage und lange, schneereiche Winter, dazwischen die Übergangszeiten von Frühjahr und Herbst: Die Jahreszeiten gestalten sich abwechslungsreich und farbenfreudig auf den Feldern, Wiesen und Wäldern des Taunus.

2. Kapitel

„Wild wirbelt das Windgeschwader“

(Solveig Kerber)

Der Taunus im Wechsel der Jahreszeiten

Der Wechsel der Jahreszeiten ist ein klassisches Thema für Dichterinnen und Dichter. Der Frühling ist eine sinnenfreudige Jahreszeit im Taunus. Er bringt den Rückzug von Eis und Schnee, das Wiedererwachen von Tieren und Pflanzen, das Aufblühen der Natur. Der Frühling lockt die Menschen vor die Tür zum Frühlingsspaziergang in der Sonne. Das Leben beginnt neu, manchmal auch mit *Regenduft* und *Hagel* im *April*, wie es Solveig Kerber aus Köppern sieht:

April

Wild wirbelt das Windgeschwader,
verleiht der Luft Regenduft.
Hagel tanzt und tobt
sausend durch bunte Landschaft.
April, du machst, was du willst,
so lässt du auch die Sonne lachen
bei deinem Spiel mit der Natur.

Frühlingsfreude – für hem schüppel bedeutet das einen beschaulichen Nachmittag in der Altstadt von Bad Homburg. Der Dichter, Maler und Professor für Ästhetik an der Fachhochschule in Frankfurt lebte nach seiner Übersiedlung aus der ehemaligen DDR bis zu seinem Tode in Friedrichsdorf im Taunus.

im lächeln des bad homburger frühlings heißt der Band, in welchem er Bad Homburger Impressionen zeichnet und dichtet. An der Ritter-von-Marx-Brücke, einem malerischen Winkel der Bad Homburger Altstadt, erlebt hem schüppel den Frühling.

Die Brücke überspannt enge Gässchen und Altstadthäuser, reicht vom Untertor bis zur Schulgasse. Hexenturm und Wärterhäuschen bilden den burgähnlichen Eingang zu dieser Bogenbrücke. 1905 wurde sie erbaut.

frühlingsmittag in der altstadt
nach mittag verbring ich eine stunde
gern in den gassen unter der ritter von marx-
brücke, fly-over der jahrhundertwende –
bei dem fachwerk, den liebevollen nischen
und winkeln und treppen und bänken …
schöner als je –
dann bin ich gern allein mit dem hauch
einer zeit, die sich vor der höhe begnügte
und atme holzrauch im wind, höre dem zeisig
zu am fenster gegenüber und horche nach,
wie wenig der fink an der angst leidet …
und die forsythie. woher nehmen sie heute
den mut, so zu blühen? …

Gelb ist die Farbe des Frühlings im Taunus, von dem zitronigen Gelb der Forsythien, dem Sonnengelb der Narzissen und Osterglocken bis zu dem Goldgelb der Ginsterbüsche an den Frühlingshängen und der Sumpfdotterblumen an Bächen und Quellen.

Goldener Ginster in der Heidelandschaft um die Eschbacher Klippen, goldene Sumpfdotterblumen an der Usa – so erscheint der Frühling im Usinger Becken. Die Eschbacher Klippen nördlich von Usingen sind ein beliebtes Ausflugsziel, nicht nur für Kletterer. Bizarr erhebt sich die schroffe Felsgruppe aus der flachen, kargen Landschaft. Der Boden besteht hier aus Felsen als Teil eines Quarzgangs, der sich von Michelbach bis Pfaffenwiesbach hinzieht. Um die Eschbacher Klippen erstreckt sich Heidelandschaft, vom Naturpark Hochtaunus gepflegt. Ganz versteckt liegt darin eine neuzeitliche Schanze.

Die alte Residenzstadt Usingen weist Relikte ehemaliger Gewässer und Wasserbauanlagen in ihrer Umgebung auf: den Hattsteinweiher, Grünwiesenweiher und Meerpfuhl. Ein Flutgraben leitete das Wasser des Hahnenbaches in die Usa. Der Brunnenweiher versorgte die Stadt jahrhundertelang mit Wasser.

Der Hattsteinweiher wurde früher zur Schafwäsche und Fischzucht genutzt, heute ist er ein beliebter Badesee. Mit seinen 1,6 Hektar ist er der größte Weiher im Taunus. Ein Quellbach des Stockheimer Bachs speist ihn. In früheren Jahrhunderten gehörte der Weiher zur Domäne Hof Stockheim. In der Gemarkung Hausen-Arnsbach liegt idyllisch der Grünwiesenweiher am Waldrand des oberen Roederbachtales. Er wird durch den Roederbach gespeist. Dieser Weiher mitsamt einem kleinen Vorteich umfasst 1,3 Hektar. Früher diente er Mühlenbetrieben entlang der Usa und wurde für landwirtschaftliche Zwecke genutzt. Der dritte Weiher im Usinger Land ist der Meerpfuhl. Über die Entstehung seines ungewöhnlichen Namens erzählt Georg Volker Dietrich:

Der Meerpfuhl

Mitten in den Taunusbergen zwischen den Orten Altweilnau und Merzhausen liegt ein nur wenige tausend Quadratmeter großer Weiher mit dem merkwürdigen Namen Meerpfuhl. Über die Ent-

stehung dieses idyllisch gelegenen Gewässers gibt es ein Märchen, das mir eine uralte Frau aus Altweilnau erzählt hat.

An der Stelle, wo heute der Wasserspiegel des Meerpfuhls die über den Taunus ziehenden Wolken widerspiegelt, lag vor sehr langer Zeit eine mit Ried und Sumpfpflanzen bedeckte feuchte Senke. Wenn es stark regnete oder wenn im Frühjahr der Schnee in den Taunusbergen schmolz, bildete sich dort meist ein Tümpel, dessen Wasser aber bald wieder versiegte. ...

In dem Gewässer wächst ein Fisch auf. Als mit zunehmender Hitze das Wasser verdampft, sieht der Fisch seinen Lebensraum bedroht. Da erscheint eine weiß gekleidete Frau, auf einem weißen Einhorn reitend, als Retterin in der Not:

Die zarte, weißgekleidete Frauengestalt auf dem wunderschönen weißen Hirschtier mit dem über drei Ellen langen und spitz zulaufenden Einhorn bot ein bezauberndes Bild. ...

Das Einhorn sah den kleinen Tümpel und trat hinzu, um einen Schluck Wasser zu nehmen. Der Fisch erschrak und zog sich so weit zurück, wie es in der kleinen Pfütze noch möglich war. „He", rief er erschrocken, „laß mir doch das bißchen Wasser, ich muß ja sonst sterben!"

Das Einhorn hob den Kopf wieder und sah seine Herrin fragend an. „Ach, der arme Fisch", rief diese, „er hat ja kaum noch Wasser zum Schwimmen. Komm, wir wollen ihm helfen. Stoß doch bitte hier einmal tief in den Boden."

Das weiße Einhorn stößt sein Horn in den Boden und lässt eine Quelle emporsprudeln, die den Teich wieder füllt:

Das Wasser sprudelte und füllte die Senke immer mehr. Der Fisch freute sich, sein Revier wurde immer größer, und je mehr der Teich anwuchs, desto größer wurde der Fisch. Schließlich war die ganze Senke mit Wasser gefüllt und der Überlauf suchte sich einen Abfluß zur Weil. Aus der feuchten Senke und einem gelegentlichen Pfuhl war der Meerpfuhl geworden. ...

Der neue See zwischen den Taunusbergen zog wieder vorüberfliegende Wasservögel an, die dafür sorgten, daß immer neue Fisch-

arten hier heimisch wurden. Wer heute an dieser idyllischen Stelle vorüberkommt, sieht ab und zu einen Petrijünger, wie man die Angler nennt, der versucht, den ersten und ältesten Karpfen des Meerpfuhls zu fangen. Aber der ist schon viele hundert Jahre alt und schlauer als die Angler. Wie mir die alte Frau erzählte, die ihn einmal gesehen hat, erfreut er sich nach wie vor fröhlich seines Lebens.

Teiche und Weiher mögen rar sein im Taunus, aber Bachläufe gibt es fast in jedem Tal. Wenn der Löwenzahn auf den Talwiesen blüht, ist es nicht mehr weit, bis der Sommer einzieht. Im Gegensatz zu den weiten Wiesentälern des flacheren Hintertaunus sind im Vordertaunus an den steilen Hängen die Wiesen nur klein. Die meisten Täler sind als Naturschutzgebiete ausgewiesen. Ab Mai blühen gelber Löwenzahn, blauer Günsel, lila Wiesenschaumkraut, rosaroter Wiesenklee und weißes Wiesenlabkraut. Die Wiesen scheinen im Licht wie die pastellfarbene Palette eines Malers auf grünem Grund.

Auch Johann Wolfgang von Goethe streifte gerne als Maler und Zeichner durch den Taunus. Im Sommer des Jahres 1764 unternahm er von Frankfurt Ausflüge in das Gebirge und schrieb darüber im zweiten Teil von *Dichtung und Wahrheit:*

Durch zufällige Anregung so wie in zufälliger Gesellschaft stellte ich manche Wanderungen nach dem Gebirge an, das von Kindheit auf so fern und ernsthaft vor mir gestanden hatte. So besuchten wir Homburg, Kroneburg, bestiegen den Feldberg, von dem uns die weite Aussicht immer mehr in die Ferne lockte. Da blieb denn Königstein nicht unbesucht; Wiesbaden, Schwalbach mit seinen Umgebungen beschäftigte uns mehrere Tage; wir gelangten an den Rhein, den wir von den Höhen herab weither schlängeln gesehen. …

Diese ganze Tour, von der sich mein Vater manches Blatt versprach, wäre beinahe ohne Frucht gewesen: denn welcher Sinn, welches Talent, welche Übung gehört nicht dazu, eine weite und breite Landschaft als Bild zu begreifen! Unmerklich wieder zog es mich ins Enge, wo ich einige Ausbeute fand: denn ich traf kein verfallenes Schloß, kein Gemäuer, das auf die Vorzeit hindeutete, daß ich es nicht für einen würdigen Gegenstand gehalten und so gut als möglich nachgebildet hätte. …

Goethe sucht Motive im Taunus. Als visuell begabter Künstler erfasst er zunächst mit dem Auge die Schönheit der Landschaft, bevor er sie in Bildern und Zeichnungen festhält. So erzieht er sich durch seine Tauunswanderungen zum Landschaftssehen.

Andere Wanderer steigen hinauf um nach Beeren zu suchen. Im Sommer wachsen hier Heidelbeeren und Brombeeren. Der Engländer Charles Incledon beschreibt Heidelbeerpflückerinnen an den Hängen des Feldbergs im Sommer des Jahres 1836: *The Taunus or Doings and Undoings, being a tour in search of the picturesque, romantic, fabulous and true; the Roman antiquities of the Taunus*:

Als wir die Hänge dieses riesigen Berges durchquerten, wurde die Szene belebt durch die zahlreichen Frauen und Kinder aus allen Dörfern ringsum, die Heidelbeeren sammelten. …

1927 erschien im *Heimat-Kalender für den Taunus* folgende Schilderung einer sommerlichen Brombeerernte von Carl Edelmann aus Kronberg:

Noch kündet sich der erwachende Tag in einem rosigen Schimmer im Osten an, da kommen sie schon aus den Häusern, die Brombeerensucher, groß und klein, meist Frauen und Kinder. Köstlich ist so ein Gang in den morgenfrischen, stillen Wald, ins langsam aufsteigende Gebirge. …

Wir gehen den ganz steil ansteigenden Pfad rechts vor dem Wege nach dem Fuchstanz und dem Feldberg. Eine geheimnisvolle Dämmerung kommt links aus dem Tannenwald; unser Fuß versinkt weich und unser Schritt wird unhörbar in den dicht und hoch liegenden Tannennadeln. Ein erquickender, würziger Hauch kommt von den harztriefenden Stämmen her, und in reizvollem Spiele malen die Sonnenstrahlen weiße Farbenflecken daran. Da kann auf dem Boden keine Vegetation mehr fort, nur einige weiche, üppige Moospartien bringen hier und da etwas Farbe in das Dunkel. Langsam nur kommen wir vorwärts, denn es geht ganz schräg bergan; dann bekommen wir aber auch gleich schon den Lohn fürs Steigen: Wir sind auf dem Gipfel, und vor unserem durstigen Auge liegt ein malerisches Waldgelände, jäh zu unseren Füßen abfallend, dicht im Hintergrund der große Feldberg. …

Über den Sommer in Burgholzhausen schreibt Edith Hartmann. Früher gehörte dieser Ort zur Wetterau, heute ist er ein Stadtteil von Friedrichsdorf. Die alte Dorfanlage, im 13. Jahrhundert entstanden, ist noch gut zu erkennen. Burgholzhausen besitzt einen schönen Altstadtkern mit restaurierten Fachwerkhäusern. Von der Burg der Herren von Holzhausen, die hier einst lebten, gibt es nur noch Reste. 1241 wurde sie zerstört. Heute finden jeden Sommer Freilichtspiele in der Burganlage statt.

Die Schriftstellerin und Graphikerin Edith Hartmann verschlug es nach Kriegsende aus Karlsbad in Böhmen hierher. In ihrem Erzählband *Ein Hauch Sommer* schildert sie ihre Reise nach Burgholzhausen, wo sie geheiratet hat und glücklich ist:

Wir fuhren vorbei an weiten Feldern. An Wiesenrainen blühte der Mohn. …

Auf einer großen Landkarte standen die Namen der Dörfer rot eingezeichnet, die gewillt waren, einige von uns aufzunehmen. Es

war ein wunderschöner, langer Namen dabei, der mir auf Anhieb gefiel: Burgholzhausen vor der Höhe. Wer mir die Hand führte, als ich auf den Namen des Ortes zeigte, weiß ich nicht. „Da will ich hin“, sagte ich und nichts hätte mich von dieser Entscheidung abbringen können. …

Sehr heiß können die Sommermonate im Taunus sein. Dann schmilzt fast der Asphalt auf den Landstraßen und es schmelzen die Bäche, wie Paul Pfeffer aus Kelkheim es sieht:

Kelkheim

Großdorf hinter Hügeln,
Hornau, Mitte, Münster
wie Klunkern aufgereiht am Liederbach …

Doch in den heißen Sommern
schmilzt der Liederbach und ist,

so scheint mir, nur durch einen Zauber
rauszulocken aus dem Taunus.
Dann bin ich drauf und dran zu singen,
wie einst der Ofterdingen sang.

Im Usinger Becken setzen zwei Dichterinnen unterschiedliche Akzente: blauer Himmel über bunten Wiesen bei Helmtrud Rückert; Gladiolen, die zum Abschied des Sommers verblühen, bei Marie Schumacher-Nelles. Helmtrud Rückert schenkt dem Freund ein Sommergesicht:

Geschenk an den Freund

Eigentlich wollte ich
meinem Freund einen Himmel malen.
Aber das Blau lastete viel zu schwer
auf meinem kleinen Dach,
und nun ist er in das Gras gefallen.
Mein Häuschen hat weiße Beine
und steht in der bunten Wiese.
Komm, mein Freund,
und sieh dir den Himmel an,
der auf den Blumen liegt,
ich schenke dir
ein Sommergesicht.

In Marie Schumacher-Nelles' Gedicht klingt der Sommer aus. Sie nimmt Abschied, sieht die Gladiolen verblühen. Ihre Gedichte sind – ähnlich der naiven Malerei – schlicht, gewürzt mit einer Prise Humor:

Gladiolen – Abschied

„Ja", spricht die Gladiole,
„das Blühen war schön,
aber weiter kann ich nun nicht mehr gehn.
Die letzte Knospe am Stengel erblüht –

und wenn man es noch so gerne sieht –
ich höre auf, weil ich muß -
Schluß!"

Den Einzug des Herbstes in ihren Garten schildert Dagmar Chidolue aus Usingen in *Oktober:*

Oktober

Herbst ist da.
Und die Sonne verkleidet sich. Sie trägt eine Perücke
aus grauen Haaren.
Altweiberfäden.

Die Trauerweiden am Fluß sind in sich selbst verliebt.
Sie schauen am kurzen Tag ruhig ihr Ebenbild an,
strecken die Zweige sich selbst entgegen, aber sie
hüten sich vor Berührungen, als ob ein Zauber sie
anhalten läßt.

Zum Glück wenig Äpfel. Die hängen wie Christbaumkugeln
zwischen nackten Ästen und übermütige Amseln picken
sich ihr Kompott als Nachtisch heraus.

Blätter sind wie Taler vom Himmel gefallen und häufen
sich heimlich in verborgenen Ecken. Vielleicht ein
Igel darunter.

Der Rest ist schon faul.
Manchmal noch eine gefrorene Rose, ich denk, sie ist
rot. Aber laß mir die Geranien stehen, die blühen oft
bis November.

Keine Briefe im Kasten. Da haben wir nunmehr andere
Dinge zu tun. Das vertreibt die Zeit, damit lange
Weile gar nicht aufkommen kann.

Nach und nach färben sich die Blätter, der Wind fährt dazwischen und wirbelt sie zu Boden. Blaue und rote Astern nicken über den

Holzzaun. Im Wald versinken die Füße im Blätterteppich, es raschelt und knistert bei jedem Tritt. Tauperlen glitzern in Spinnweben. Jetzt beginnt die mystische, magische Jahreszeit im Taunus, wenn Nebelschwaden über die Wiesen ziehen, Bäume und Büsche wie gespenstische Gestalten aus dem Nebelmeer auftauchen.

Die Tage werden kürzer, die Nächte länger. Schwarz ist die Nacht im *November* bei Uta Franck in Kelkheim:

November

Blätterfell fällt
nackt nun die Zweige
schlaflos der Fuchs
und der Mond auf der Geige

spielt sein Lied
schwarz die Nacht
lässt die Nebelfrau tanzen
und Häwelmann lacht

Langsam geht der Nieselregen in Schneeregen über, der Winter setzt ein. Rau und streng können die Wintermonate in den Höhenlagen des Taunus sein, von Dezember bis März ist mit Schneefällen zu rechnen. Doch lebensgefährlich sind die Winter heute nicht mehr wie noch einst. Von einem tragischen Vorfall bei Brombach erzählt Klaus Wagner in *Geliebtes Usinger Land:*

Im Winter 1709, der einer der kältesten des 18. Jahrhunderts gewesen sein soll, waren Schulkinder aus Brombach, Dorfweil und Hundstall, die nach Rod am Berg zur Schule gingen, auf dem Heimweg von einem fürchterlichen Schneesturm überrascht worden und in der Dunkelheit vom Weg abgekommen. Auf der Höhe zwischen Rod am Berg und Brombach, die man heute die „Jammerhecke" nennt, suchten die Kinder hinter Dornengestrüpp Schutz vor Kälte und Schnee und schliefen vor Müdigkeit ein. Als die Eltern, von Unruhe gepeinigt, auf die Suche gingen, fanden sie nach langer Zeit die Kinder erfroren unter der Dornenhecke. Ein großes Weh-

klagen hub in den vom Leid heimgesuchten Familien an und die Stelle, wo der Tod die Schulkinder überrascht hatte, hieß fortan im Volksmund die „Jammerhecke", weil so viel Leid und Jammer mit diesem Ort verbunden ist.

Gefährlich ist das Schlittenfahren im Taunus heute nicht mehr. Rodel- und Skipisten wie Loipen sind beliebte Wintersportziele für Menschen aus dem ganzen Rhein-Main-Gebiet. Arnoldshain, Nieder- und Oberreifenberg, Seelenberg, Dorfweil, Brombach, Hunoldstal und Treisberg profitieren von ihrer Höhenlage. Diese Dörfer des Hochtaunus – alle Teil der Großgemeinde Schmitten – haben in ihrer Höhenlage am Feldberg Schnee im Winter und freuen sich auf Gäste.

So beliebt ist seit jeher das Rodeln, dass 1901 in Kronberg sogar ein eigener Rodelschlitten erfunden und gebaut wurde, der Taunus-Rodel „Taunitia". Lisa Helmreich berichtet in der *Taunuszeitung* vom 17. Februar 2001:

Der „Vater" des Taunusrodels ist Johann Kunz, der zu Beginn des 20. Jahrhunderts die Wagenbauerfirma „Johann Kunz und Söhne" besaß. Er war unter anderem Hoflieferant der Kaiserin und bekannt dafür, sich immer wieder Neuheiten in Sachen Transport auszudenken.

... Das Besondere an den Taunusrodeln waren ihr U-förmiges Gestell und die gebogenen Kufen, die die Rodel sehr stabil, aber auch sehr schwer machten. ... Den Taunusrodel, der bis in die dreißiger Jahre in Kronberg hergestellt wurde, gab es in verschiedenen Größen: ein- und zweisitzig. ...

Besonders geeignet war der Schlitten für das Rodeln auf festgefahrenem Schnee. Johann Kunz' populäre Konstruktion erhielt 1906 Musterschutz, ein Jahr später wurde sie für die Brems- und Lenkvorrichtung patentiert. Auf den Markt kam sie unter dem Namen „Taunitia".

... Da der Rodel nicht übermäßig teuer war, konnten sich nicht nur die reichen Bürger dieses Wintersportgerät leisten, sondern auch die Bürger der unteren Schicht.

Die stürmische Zeit zwischen Weihnachten und Dreikönigstag heißt im Volksmund „die Rauhnächte“. Und rau sind diese zwölf Nächte im Taunus allemal. Früher glaubten die Menschen, dass Wotan und sein Wildes Heer durch die Lüfte brausten und es klug sei ihm nicht draußen zu begegnen, sondern rechtzeitig alle Fenster und Türen zu schließen und am warmen Ofen zu sitzen. Besonders in der Gegend am Feldberg, wo der Winterwind scharf pfeift, gab es Sturmschneisen für Wotan. Die Bevölkerung erzählte sich Sagen von drei verschiedenen Sturmschneisen, durch die der Wilde Jäger kommen konnte. Entweder ritt er über die Saalburg, über den Einsiedler oder über den Feldberg. Schon von weither seien die Hunde mit ihrem Bellen zu hören gewesen.

Zu Silvester und Neujahr gab es besonderes Brauchtum. Wer in der Neujahrsnacht eine Hagebutte aß, blieb gesund. Ein am Neujahrstag zum ersten Mal angelegtes Kleidungsstück hielt sich lange wie neu. Und wenn man am Neujahrstag süßes Kraut aß, ging im ganzen nächsten Jahr das Geld nicht aus. Mit dem 6. Januar endete diese gefährliche Zeit. Es hieß, wer sich an diesem Tag eine Wünschelrute schneide, sei unfehlbar.

Nach altem Glauben ist der Winter eine Zeit des Kampfes zwischen Dunkel und Licht. Wenn die Tage wieder länger wurden, kehrten Erleichterung und Helligkeit ein. Dann kam die Fastnacht im Februar mit der Austreibung von Wintergeistern. Sie wurden auf Holzstößen verbrannt, Häuser und Ställe wurden ausgeräuchert. Maskentänze und Faschingsumzüge erinnern an den alten Brauch der Geistervertreibung.

3. Kapitel

„Die weiße Sichel des Tagmonds“

(Dagmar Scherf)

Von Sonne, Mond und Sternen

Die Tages- und Jahreszeiten in ihrem wiederkehrenden Kreislauf wahrzunehmen, dazu laden die Taunusberge ein. Sonne, Mond und Sterne inspirieren von alters her Dichtung und Malerei. Künstlerinnen und Künstler ließen sich im Laufe der Jahrhunderte im Taunus nieder um zu malen oder Gedichte zu schreiben über die Landschaft bei Sonnenaufgang oder Sonnenuntergang, bei Vollmond oder Schwarzmond und unter dem Sternenhimmel.

Johann Kaspar Riesbeck aus Höchst beschreibt 1784 in *Briefe eines reisenden Franzosen über Deutschland an seinen Bruder zu Paris* einen Sonnenaufgang über dem Altkönig, der ihm unvergesslich geblieben ist:

Eine höhere Empfindung von dem Wesen, welches die Natur belebt, und von mir selbst hatte ich in meinem Leben nicht als in dem Augenblick, wo am fernen Horizont der erste Blick der Morgenröte die Gipfel … vergoldete, die in der großen Ferne Feuerwogen zu sein schienen. Noch war alles bis zu diesen Gipfeln hin dickes Dunkel, und diese Ostgegend schien eine beleuchtete Insel zu sein, die zur Nacht auf dem schwarzen Ozean schwimmt. Nach und nach breitete sich das Morgenrot weiter aus und legte uns die schönsten perspektivischen Landschaften in Miniatur vor Augen hin. Wir entdeckten in schattichten Vertiefungen Ortschaften, die ein Blick der Morgenröte traf und der Finsternis entriß. Wir konnten nun zusammenhängende Bergreihen, ihre Krümmungen und Einschnitte deutlich unterscheiden. Alles das stellte sich nicht anderst dar, als wenn man eine stark und schön beleuchtete Landschaft durch ein umgekehrtes Sehrohr betrachtet. Eine nie gefühlte Beklemmung bemächtigte sich beim Anblick dieser Szene meiner Brust.

Aber das erste Lächeln der Sonne selbst über den Horizont übertraf noch alle Schönheiten der Morgenröte. Die Größe, Mannigfaltigkeit und Pracht dieses Auftrittes übersteiget alle Beschreibung. …

Wir selbst standen im Licht, und zu unsern Füßen dämmerten die Täler und Ebenen noch in einem Halbdunkel, das sich bloß durch den Widerschein der Beleuchtung unsers Berges von der Finsternis unterschied. Die erhabnern Teile der vor uns liegenden ungeheuren Ebene stachen mit einer Lebhaftigkeit aus der Dämmerung hervor, die sie uns wenigstens um die Hälfte näher setzte und die angenehmste Täuschung für uns bewirkte. Dort erhob sich ein Kirchturm aus dem Dunkel, hier ein beholzter Gipfel; dort schien ein ganzes Dorf mit seinen Bäumen über der Erde zu schwimmen, hier lag ein erhöhteres Getreidefeld im Licht, wodurch es von dem angrenzenden Gefilde sozusagen abgeschnitten und erhoben war. …

Allein, ich wage zu viel, da ich dir ein Schauspiel beschreiben will, das an sich selbst so weit über alle Beschreibung ist und für welches ihr andern in der großen Welt gar keinen Sinn habt. Ich sah schon oft die Sonne aufgehn, aber nie so prächtig als auf dem Altkönig. …

Eine Abendstimmung bei Sonnenuntergang über Bad Homburg hat hem schüppel eingefangen:

vor der höhe

hinter den leichten zweigen der abendakazien
senkt sich die sonne in langgezogene hügel
des taunus und färbt sie zart violetten …

die erde versinkt so endgültig, als ginge sie
nie mehr auf … weit sind wir gekommen, –
immerhin, – vielleicht wird von uns doch
ein echoscheinen hinter den waldrändern
bleiben. – wer weiß? …

An manchen Tagen ist neben der Sonne auch der Mond tagsüber schwach sichtbar. Dagmar Scherf sieht Sonne und Tagmond in Seulberg:

Kopfunter

Diesen Sommer
ist die weiße Sichel
des Tagmonds stumpf.
Vergebens schreit die Sonne
Sommerbefehle
auf meine blassen Füße.
Dünn pfeift die Amselflöte,
das Ei im Buschnest
ist taub.
Die tote Nachbarin
fehlt im Garten.
Der Tagmond geht
kopfunter.
Er ritzt mir kein Blut
in den Schuh.

Der Mond ist ein mystisches Gestirn. Märchen wurden früher erzählt um sich die Herkunft des Mondes und seine wechselnden Phasen zu erklären. Die Brüder Grimm haben ein Märchen vom Mond und seiner Mutter überliefert. Die Mutter näht ihm ein warmes Röcklein, doch da der Mond ständig ab- und zunimmt, passt er nie hinein und bleibt nackt am Himmel stehen:

Der Mond und seine Mutter

Der Mond sprach einmal zu seiner Mutter, sie möchte ihm doch ein warmes Kleid machen, weil die Nächte so kalt wären. Sie nahm ihm das Maß, und er lief davon.

Wie er aber nach einer kleinen Weile wiederkam, da war er so groß geworden, dass das Röcklein nirgends mehr passen wollte.

Die Mutter fing daher an, die Nähte zu trennen, um es auszulassen, allein da dies dem Mond zu lange dauerte, ging er wieder seines Weges.

Die Mutter nähte emsig am Kleid und saß manche Nacht auf beim Sternenschein.

Als nun der Mond zurückkam und viel gelaufen war, da hatte er sehr abgenommen, war dünn und bleich geworden, daher war ihm das Kleid viel zu weit, und die Ärmel schlotterten bis an die Knie.

Da wurde die Mutter sehr verdrossen, daß er ihr solche Possen spiele, und verbot ihm, je wieder in ihr Haus zu kommen. Deswegen muß der arme Schelm nackt und bloß am Himmel laufen, bis jemand kommt, der ihm ein Röcklein kauft.

Zur Wandelbarkeit des Mondes passende Bauernregeln hat Sigrid Früh gesammelt:

Alle Wurzelgewächse wie Rettiche und Zwiebeln müssen, weil sie nach unten wachsen, im abnehmenden Mond, die anderen, welche nach oben wachsen, im zunehmenden Mond gesät werden.

Dung wird am besten bei abnehmendem Mond gefahren und gestreut. Holzfällen soll man bei abnehmendem Mond, damit das Holz nicht fault oder Würmer es nicht fressen. ...

Ein Vieh, ob Kalb oder Kuh, ob Schwein, Ferkel oder Rind, sollte nur bei zunehmendem Mond ... geschlachtet werden, da bei abnehmendem Mond das Fleisch zusammenschrumpft und die Därme zu schwach sind, um daraus Würste zu machen.

Das Entwöhnen der Kälber von der Mutterkuh hat nur bei abnehmendem Mond den rechten Erfolg, dann bekommen sie schnell dicke Bäuche.

Wein muß bei wachsendem Mond gelesen werden ...

Nicht nur für Tiere und Pflanzen, auch für die Menschen gibt es Regeln bei zu- und abnehmendem Mond:

Der erste Tag im abnehmenden Mond bringt gerne Unglück, während der erste Tag nach Neumond oftmals Glück mit sich führt.

Wenn der Vater bei zunehmendem Mond stirbt, bedeutet dies für die Kinder Segen und Reichtum, im umgekehrten Fall verarmen sie.

Der Einzug eines jungen Paares in das gemeinsame Heim darf nur bei … zunehmendem Mond erfolgen, denn nur dann wird das gemeinsame Glück auch zunehmen.

Gebiert eine Frau bei zunehmendem Monde, so wird sie noch mehr Kinder bekommen.

Zunehmender Mond bringt Geld, wenn man ihn im Freien in die Geldtasche scheinen läßt; wer ihn aber durchs Fenster oder durch die Haustüre sieht, hat mit viel Ausgaben zu rechnen.

Sigrid Früh erzählt auch von Aberglauben und Brauchtum bei Vollmond:

Betten soll man in der Vollmondzeit füllen. Hanf muß bei Vollmonde gesät werden. Ernten soll man nur bei Vollmond. Vor allem bei Honig ist dies anzuraten. Bei Vollmond soll die Wünschelrute geschnitten werden, das macht sie weitaus wirkungsvoller in ihrer Anwendung. Schätze heben sich alle sieben Jahre im Vollmond. …

Johann Wolfgang von Goethe läßt seinen Mephisto ein Rezept gegen Sommersprossen aufsagen:

„Nehmt Froschlaich, Krötenzungen kohobiert
In vollstem Mondlicht sorglich destilliert,
Und wenn er abnimmt, reinlich aufgestrichen –
Der Frühling kommt – die Tupfen sind entwichen."

Dieses Vollmondrezept dürfte in Vergessenheit geraten sein, weil heute Sommersprossen nicht mehr als Makel gelten. Warzen allerdings werden als lästig empfunden. Um sie loszuwerden gibt es laut Sigrid Früh ein dem Volksglauben entsprungenes Rezept:

Man kann … bei Vollmond an jemanden denken, dem man nicht sehr gerne zugeneigt ist, über die Warzen streichen und dabei sprechen:

„Eins, zwei, drei, vier,
meine Warzen schenk ich dir."

Dass der volle, runde Mond gerne mit den Menschen feiert und auch gerne einmal einen trinken geht, erzählt Sigrid Früh in folgender mündlich überlieferten Sage:

Der Mond auf Zechtour

Vor langer, langer Zeit stand der Mond immer voll und rund am Himmel.

Nun aber war einmal Nacht im Herbst, und es war neblig und trüb und Frau Holle schob ihre dicksten Wolken über das Himmelszelt. Da bekam der Mond Lust, auf die Erde zu gehen. ...

Er betrat ein Wirtshaus, in dem schon zünftig gefeiert wurde. Er zechte und trank mit den Leuten und die Stimmung wurde immer ausgelassener. Nach ein paar Stunden dachte der Mond, daß es jetzt vielleicht Zeit wäre, an den Himmel zurückzukehren. Doch da luden ihn einige der Zechbrüder ein, mit ihnen in das nächste Wirtshaus zu gehen. Da vergaß der Mond seinen Vorsatz und kehrte mit ihnen in das nächste Wirtshaus ein.

Dort war die Stimmung noch ausgelassener. Unaufhörlich kreiste der Weinkrug, und die Leute fingen an zu singen. Sie sangen auch Lieder, in denen der Mond gelobt wurde. Dies gefiel diesem ausnehmend gut. Da vergaß er alles. Er vergaß, daß er schon längst zum Himmel hätte zurückkehren müssen. ...

Beschämt schleicht er frühmorgens, als das Tageslicht kommt, an seinen Himmelsplatz zurück. Seitdem steht der Mond um sich nicht zu gefährden nur noch einmal im Monat voll und rund am Himmel. Die übrigen Nächte nimmt er ab, bis er als Neumond kaum mehr zu sehen ist, dann wieder zu. Bei Neumond, auch Schwarzmond genannt, wirken die Wälder des Taunus gespenstisch fahl.

Auch für diese dunklen Nachtzeiten hatte die Landbevölkerung ihre Sprüche: Wer eine Schürze dreimal im Angesicht des Schwarzmondes wendet, hat den ganzen Monat über Glück. Ebenso wird Glück haben, wer den Schwarzmond über die rechte Schulter anblickt oder ihn mit Silbergeld in der Tasche betrachtet. Allerdings soll der Handel, bei Schwarzmond betrieben, von Unglück und Missgeschick begleitet sein. Und wer bei Mondfinsternis ein Kleid näht, näht sein Sterbekleid.

Der Mond in der Nacht und die Träume der Menschen gehören

zusammen. In Heide Elfenbeins Gedicht wirkt der *Mondbaum* wie ein Traumfänger, *fängt die Träume aller Nächte* ein:

Der Mondbaum

Der Mondbaum fängt mit seinen Ästen
die Nacht,
die seidig tröpfeln läßt,
und macht,
daß sich die Sterne hängen fest
hinein ins Schwarz
und Mond, mit silberhaargen Gästen.

Der Mondbaum fängt die Träume
aller Nächte,
singt ein Lied für Bäume
und man möchte
lauschen, lauschen, lauschen!
Und man brächte
auch ein leises Lied zum Rauschen.

Nüchtern fällt dagegen die Betrachtung der Himmelsgestirne bei Wendelin Mangold in Köngstein aus. Er entdeckt *neue Sterne* am Himmel, Sterne der Luftfahrt:

Nachthimmel

Nach Tagen unter dem Regendach
oben über uns die bestirnte Stadt.
Man kann sich überzeugen,
daß noch alle Sterne am Platze.
Aber im Bereich
des Frankfurter Flughafens
kann man überraschend
immer neue Sterne
entdecken.

Flugzeuge fliegen über den Taunus hinweg bei Start und Landung auf dem südlich von Frankfurt gelegenen Rhein-Main-Flughafen, als „Sterne“ in der Nacht blinkend. Flugzeuge im Landeanflug sieht Regina Berlinghof, wenn sie von Kelkheim zur Arbeit fährt:

Flughafen Frankfurter Kreuz

Ich weiß, es ist nicht umweltfreundlich,
aber ich sehe die großen Vögel so gern.
Sie schweben träge heran,
als wüßten sie nichts vom Fallgesetz.

Mit modernen Geräten ist die Sternwarte auf dem Kleinen Feldberg ausgestattet. Von hier aus lässt sich der gestirnte Himmel über dem Taunus beobachten, wie Ingrid Berg aus Glashütten berichtet in *Nebel mit Himmelsicht:*

An durchschnittlich 200 Tagen im Jahr hat man vom Kleinen Feldberg keinen Ausblick nach unten; im schlimmsten Fall kann man die auf gleicher Höhe liegenden Gebäude nicht erkennen, aber die Sicht nach oben, der „gestirnte Himmel", ist oft ganz klar. Und diese klare Sicht im doppelten Sinne brauchen die Wissenschaftler, die dort arbeiten; besonders die Astronomen in der Sternwarte des „Physikalischen Vereins Frankfurt", aber auch die Betreuer der vielen anderen Anlagen.

Das Institut für Meteorologie und Geophysik, das Hessische Landesamt für Umwelt, der Deutsche Wetterdienst, die Universität Mainz mit der Laserholographie und auch private Firmen haben heute hier ihre wertvollen Geräte installiert, deren Meßergebnisse ganz unterschiedlichen Forschungsprojekten dienen. ...

Die Sonne brennt auf zerstörte Natur in Nelly Eisenachers Gedicht. Umweltverschmutzung und -zerstörung haben ihre Spuren im Taunus hinterlassen. Nelly Eisenacher aus Friedrichsdorf klagt:

Ich sitze
auf der Wiese
um mich herum
weinende Gräser
Schmetterlinge fliegen
um trauernde Nelken

Über mir
Kirschbäume
angstumweht fallen
die Blüten zu Boden
ringen Butterblumen
mit dem Tode

Ich gehe
drehe mich nicht um
auf die brennende Sonne zu

Zu sehr brennt auch die Sonne in Uta Francks Kelkheimer Märchen, *Die Liebeshände der Sonne.* Sie brennt aus lüsterner Liebe Tag und Nacht:

Die Liebeshände der Sonne

Der Wandel kam plötzlich. Bis zu jenem Samstag im Juni hatte die Sonne tagsüber gestrahlt. …

In der Nacht hatte sie ihren Körper mit einem schwarzen Tuch verhüllt, damit Menschen, Tiere und Pflanzen im Dunkeln schlafen konnten. Am Tage hatte sie es ab und zu erlaubt, dass Wolken sie umnebelten, damit es auf der Erde regnen konnte.

Seit jenem Samstag im Juni, es war zur Sonnwendzeit, veränderte sich die Sonne. Sie weigerte sich, jeden Tag etwas kürzer zu scheinen und etwas länger zu schlafen. Sie wollte überhaupt keine Pause machen.

Zuerst freuten sich die Menschen über so viel Licht und Wärme. Aber dann schritt die Veränderung der Sonne voran. Sie entbrannte in heißer Liebe zu den Menschen. Wo immer sie einen schönen Mann erblickte, streckte sie die Hände nach ihm aus. Sie erhitzte ihn schmeichelnd. Der so umworbene Mann begann, die Sonne anzubeten, verzehrte sich in Liebe nach ihr, vergaß das Essen und das Trinken. Da er vor Sehnsucht auch zu schlafen versäumte und sich unentwegt der Sonne aussetzte, wurde er zuerst schwach, dann war er wie von Sinnen. Zum Schluss starb er den Hitzetod.

Danach lässt die Sonne Frauen und Kinder verdorren, schließlich alle Tiere auf dem Lande und im Wasser.

„Was kann ich jetzt noch lieben?", fragte sich die Sonne. Zu ihrer Freude entdeckte sie die Pflanzen.

Da streckten nicht nur die Sonnenblumen ihre Köpfe den Liebeshänden entgegen, sondern alle Pflanzen wuchsen unentwegt zum Licht empor und starben jämmerlich. …

Doch der Liebeshunger der Sonne war immer noch nicht gestillt. Da sich auf der Erde kaum noch Leben regte, schaute sie sich im Himmel um und erspähte den Mond.

Nun hätte die Sonne eigentlich wissen müssen, dass sie ihre Finger nicht nach dem Mond ausstrecken durfte, denn er war ihr Bruder. Aber ihr Vergnügen am Entzünden und Verzehren war ins Unendliche gewachsen. Die guten Sitten waren für die Sonne schon lange

bedeutungslos geworden. Sie streichelte zart ihren Bruder. Dem tat die Wärme wohl, denn er litt an seiner Kälte. Er sagte: „Liebe Schwester, gib mir von deiner Glut! Ich bin außen und innen so kalt.“ Zuerst erhitzte die Sonne die Haut des Mondes. Der räkelte sich und streckte seine Hände nach ihr aus. Er zog die Sonne nah an sich heran. Als sie in den Mondarmen schwelgte, war ihre Liebesgier immer noch nicht gesättigt. Sie schlüpfte in den Bruder hinein und versengte sein Herz. Da schrie der Mond vor Schmerz und zitterte vor Zorn. Er spuckte die Sonne mit solcher Gewalt aus sich heraus, dass sie an ihren alten Platz im Himmel geschleudert wurde. Der Mond war so böse, dass er seiner Schwester nie wieder nahe kam. …

Genau gegenteilig, aber ebenfalls schädlich verhält sich die Sonne in Uta Francks *Märchen von der kalten Sonne*. Sie erkaltet und will nicht mehr scheinen, weil sie es satt hat der Erde zu dienen:

Dass die Sonne außen kalt wurde, bekamen die Menschen zu spüren. Die Sonnenstrahlen erwärmten nicht mehr die Erde und Luft. Die Menschen begannen zu frieren.

Die Pflanzen kümmerten. Die Blätter fielen von den Zweigen und das Wasser erstarrte zu Eis. Dann fing es an zu schneien. Eine weiße Decke lag über dem kalten Land.

In dem letzten Haus eines Dorfes hockten ein Mann und eine Frau mit ihren drei Söhnen um das Herdfeuer. Draußen stand ein Stapel Holz. Bald würde er aufgebraucht sein und die Kälte auch in die Küche einziehen. „Ich weiß nicht, was zu tun ist", klagte der Vater. „Es muss etwas geschehen", seufzte die Mutter und schaute ratlos in die Runde. …

In dieser Not bietet sich der älteste Sohn an Abhilfe zu schaffen. Er will zur Sonne hinaufsteigen und sie bitten die Erde wieder zu erwärmen:

Er wartete, bis es Mittag war, dann legte er die Leiter an die Sonne und fing zu steigen an. Die Sonne war aber so weit entfernt, dass er stundenlang klettern musste. Er hatte sich mit der Entfernung verschätzt. Es wurde zwei, drei, vier Uhr. Die Sonne senkte sich. Da rutschte die Leiter von der kalten Kugel ab, der Älteste verlor den Halt und musste sterben. …

Nun versucht es der mittlere Sohn mit einem Seil, das er in der Sonne verhakt. An dem Seil will er hochklettern:

Der Haken aber hatte sich nicht tief genug in die kalte Sonnenschale gebohrt. Er lockerte sich unter dem Gewicht des Kletterers. Schließlich löste er sich und der junge Mann stürzte in den Tod. …

Schließlich macht sich der jüngste Sohn auf um die Sonne zurückzuholen, obgleich die Eltern ihm diese schwierige Aufgabe am wenigsten zutrauen. Aber er hat eine Idee:

Zuerst lief er zu dem Punkt, wo die Sonne jeden Tag am Horizont verschwindet. Dort grub er ein tiefes Loch, das bis zu dem glühenden Erdinneren reichte. Dann legte er sich auf die Lauer. Gerade als es Nacht werden wollte, schnappte er sich die Sonne und stopfte sie in das Erdloch, bis ihre erstarrte Schale mit der Erdglut in Berührung kam. Das Feuer der Erde legte sich um die kalte Sonne, brachte die Schale zum Schmelzen und vereinigte sich mit der Glut im Inneren der Sonne. Da kam ihr die Erleuchtung. Die Sonne erkannte, welch eine Not sie auf der Erde angerichtet hatte. Freiwillig stieg sie aus dem Erdloch, obwohl ihr die heiße Geborgenheit dort behagt hatte. Die Sonne stieg also auf, setzte sich auf den richtigen Platz im Himmel und schenkte den Pflanzen, Tieren und Menschen wieder ihre Leben spendende Wärme. Sie hatte begriffen, dass sie gebraucht wurde. Nie wieder in ihrem Leben machte sie den Fehler, sich nur mit sich selbst zu beschäftigen.

Denn das ist das Ende vom Anfang.

4. Kapitel

„Die Chatten sind besonders kräftige Menschen“

(Publius Cornelius Tacitus)

Ein Ausflug zu Kelten, Chatten und Römern im Taunus

Schon vor der Zeitenwende war der Taunus mit seiner landschaftlichen Schönheit und zentralen Lage in Europa ein Magnet, der die Menschen anzog. Heiß umkämpft war der Taunus zu den Zeiten von Kelten, Chatten und Römern. Vor 2500 Jahren wandelten sich Sachkultur und Kunststil der ortsansässigen Menschen aus der Hallstattkultur (ca. 750 bis 450 vor der Zeitenwende) im Taunus. Es begann die Zeit der Kelten, eines indogermanischen Volkes. Sie galten als lebhaft und künstlerisch begabt, als tapfere Krieger, die mit Lanze und Langschwert kämpften. Sie waren in Klans organisiert, mit einem Stammesfürsten an der Spitze. Angeblich ist nichts Schriftliches aus keltischer Zeit im Taunus überliefert, weil dieses Volk all sein Wissen durch Priester und Sänger, die Druiden und Barden, mündlich weitergab von Generation zu Generation.

Archäologisch wird die Zeit der Kelten als Latène-Zeit bezeichnet, aufgeteilt in Früh- und Spät-Latène. Die Früh-Latène-Zeit beginnt etwa 500 vor der Zeitenwende. Die Ringwallanlage auf dem Altkönig bei Kronberg wird dieser Bauperiode zugerechnet. Bis heute ist nicht geklärt, ob der Altkönig ein ehemals keltisches Bergheiligtum war. Thomas F. Klein schreibt:

Die Geröllfelder auf dem Altkönig im Taunus haben schon immer die Phantasie und den Forschergeist beflügelt. Auch ohne Luftbild-Archäologie ahnte man, daß die beiden ovalen Steinringe auf der Spitze des knapp 800 Meter hohen Berges mehr und anderes waren als die zufällige Anhäufung von Taunusquarz. … Selbst der

Gelehrte, Dichter Pädagoge und Reformator Erasmus Alberus (1500 bis 1553) ahnte nichts vom keltischen Wortstamm „altkin" (Höhe), der einen deutlichen Hinweis auf die Erbauer des Doppelringwalles gegeben hätte. ... Erst als sich der verdienstvolle Erforscher des Limes, Carl August von Cohausen, der Steinringe annahm, kam Licht in das geschichtliche Dunkel. ... Die umfänglichen Grabungen konnten allerdings nicht zweifelsfrei Funktion und Zeitpunkt der Anlage erklären. ...

hem schüppel vermutet, dass sein Wohnhaus 'An der Schnepfenburg' in Friedrichsdorf ebenfalls auf einem ehemaligen keltischen Ringwall entstanden ist, der einstmals als Fluchtburg gedient haben könnte:

manchmal ängstige ich,
daß die fliehburgen der kelten
den heutigen menschen
keinen schutz mehr geben können ...
und die fantasie verschließt sich,
sooft unsere träume und sehnsüchte
übergroß werden und wir flügellahm
über einer liebeserklärung einfrieren
und flucht als einzigen ausweg sehen
aus allem ...
aber der ringwall ist –
es sind kinder auf rädern –
und der trost, daß selbst sie erst
sich den schwung holen im querauf
und -ab durch diesen keltenring
für die gefahren des heute da draußen.

Die Spät-Latène-Zeit gilt als die Blütezeit der keltischen Kultur in Europa. Das Heidetränktal bei Oberursel dürfte das größte keltische Oppidum auf hessischem Boden gewesen sein. Eckhard Laufer, der sich auf archäologische Feld- und Flurbegehungen spezialisiert hat, schreibt:

Mit der Latènekultur darf der Name Kelten verbunden werden, der als europäischer Volksstamm mehrfach in Schriftquellen des Altertums Erwähnung findet. Die Spätlatènezeit wird unter anderem durch befestigte „Städte“ auf Höhen geprägt, Verteidigungswallanlagen, wie zum Beispiel das „Heidetränk-Oppidum“ nordwestlich von Oberursel, dessen 130 Hektar große Innenfläche einst circa 5 000 bis 15 000 Menschen Platz zum Siedeln geboten haben könnte. Solche Städte wurden zu Zentren der politischen, religiösen und wirtschaftlichen Macht. …

Nicht nur Baumeister, auch Künstler waren die Kelten. Sie stellten unter anderem Schmuck aus Glas her. Im *Jahrbuch Hochtaunuskreis 1995* zeigt Eckhard Laufer Fotos keltischer Glasarmreifen aus der Latène-Zeit. Bruchstücke solcher Glasarmreifen wurden bereits im Erlenbachtal zwischen Neu-Anspach und Wehrheim, bei Kronberg und im Heidetränk-Oppidum bei Oberursel gefunden.

Von der keltischen Religion wissen wir wenig. Schriftliches ist uns nicht überliefert, zumindest nicht im Taunus. Keltische Spiritualität wurde unterdrückt, keltische Kultur ausgelöscht von den nachrückenden Germanen und Römern.

Wann genau die germanischen Stämme der Chatten und Mattiaker sich im Gebiet des Taunus niederlassen, die Kelten verdrängen oder sich mit diesen vermischen, ist ungewiss. Fest steht, dass die Römer diese germanischen Völker antreffen auf ihren Eroberungszügen durch Germanien.

In den so genannten Chattenkriegen 83 und 84 treffen römische Legionen auf die blonden oder rothaarigen ‘Barbaren’ in den Wäldern Hessens. Nach erfolgreichen Schlachten wird der Taunus römisch. Der Geschichtsschreiber Publius Cornelius Tacitus (55–120 nach der Zeitenwende), der selbst nie in Germanien war, beschreibt die Chatten nach Berichten römischer Soldaten im Jahre 98 in *De origine et situ Germanorum Liber*, kurz: *Germania*. Mit einem Gemisch aus Bewunderung und römischer Arroganz charakterisiert er die germanischen Krieger im 31. Kapitel:

Die Chatten sind besonders kräftige Menschen von gedrungenem Körperbau; ihr Blick ist durchdringend, ihr Geist äußerst rege. Be-

rücksichtigt man, daß sie Germanen und keine Römer sind, so findet man bei ihnen viel kluge Berechnung und Geschick: sie machen die rechten Männer zu Führern und hören dann auf sie; sie verstehen im Kampf Reih und Glied einzuhalten, wissen Blößen beim Gegner wahrzunehmen, den richtigen Augenblick zum Angriff abzupassen und den Tag zweckmäßig einzuteilen. Für die Nacht verschanzen sie sich. Sie verlassen sich nicht aufs Glück, sondern setzen ihr Vertrauen in die Tapferkeit. …

Mit dem Eintritt in das Mannesalter lassen sie Haupthaar und Bart wachsen, und erst, wenn sie einen Feind erschlagen haben, beseitigen sie diesen der Tapferkeit geweihten und verpfändeten Zustand ihres Gesichts. …

Sie eröffnen jeden Kampf; sie sind stets das vorderste Glied, ein befremdender Anblick; denn auch im Frieden nimmt ihr Gesicht kein milderes Aussehen an. Keiner von ihnen hat Haus und Hof oder sonstige Pflichten; wen immer sie aufsuchen, von dem lassen sie sich je nach den Verhältnissen bewirten; sie sind Verschwender fremden und Verächter eigenen Gutes, bis das kraftlose Alter sie zu so rauhem Kriegerdasein unfähig macht. …

Über die Abstammung und Namensgebung der Chatten schreibt Elard Mühlhause 1867:

Ein Sohn Wuodans ist Hadu, altfränkisch Chato, nordisch Hödr. Dieser Gott ist, wie sein Name und Mythus darthut, eine spezielle Personification des Krieges und wird demzufolge als blind gedacht. Indem sich nun die in Hessen zahlreich vorkommenden Hattenberge und Hattenbäche unter Hinzuziehung der an dieselben sich heftenden Sagen als dem Hadu geheiligte Stätten erweisen, und die aus den Hatten (Chatten) hervorgegangenen Hessen wegen ihres kriegerischen Muthes die blinden Hessen genannt werden, so spricht die Wahrscheinlichkeit dafür, dass die Hessen zur Zeit des Götterglaubens als von Hadu abstammend gedacht wurden. …

Nach den Chattenkriegen sichern die Römer ihr erobertes Gebiet durch den Grenzwall des Limes ab. Vom Rhein bis zur Donau erstreckt sich der Limes über 500 Kilometer und läuft quer durch den Taunus. Für die Römer entsteht die Notwendigkeit auch Kastelle zu errichten. Die Römer teilten das Grenzland am Limes neu ein und richteten Verwaltungseinheiten nach römischem Vorbild ein. Die einheimische Bevölkerung wurde in „Civitates", in Stammesgemeinden organisiert. Die Stammensgemeinde der Taunenser, „Civitas Taunensium", entstand wahrscheinlich unter Kaiser Trajan (98–117). Sie umfasste ein Gebiet von Hofheim am Taunus im Westen bis hinauf zur Wetterau im Norden und reichte im Süden bis zum Main. In Heike Lattkas und Rainer Heins Buch über den Taunus heißt es zum Limes:

Der Limes mit seinen Wachtürmen und Kastellen war ein militärisches Bauwerk, aber er war keine Wehranlage gegen germanische Völker. In den Wachtürmen waren vier bis fünf Soldaten stationiert, die Kohorte im Saalburg-Kastell war 500 Mann stark, die kleine Kundschaftstruppe im zehn Kilometer entfernten Feldbergkastell umfasste etwa 150 Mann. Davon hätte sich ein Germanenstamm kaum aufhalten lassen, das wussten auch die römischen Offiziere. …

Drei der Limes-Kastelle, in denen römische Besatzungssoldaten lebten, standen im Hochtaunus: das Feldbergkastell bei Schmitten, das Saalburgkastell bei Bad Homburg vor der Höhe und das Kapersburgkastell zwischen Köppern und Wehrheim. Von dem Feldberg- und Kapersburgkastell sind heute nur noch die Fundamente erhalten. Mit 700 Metern liegt das Feldbergkastell am höchsten. Die Fundamente der Umwehrung mit den vier Kastelltürmen sind noch erkennbar. Auch auf der Kapersburg, zwischen Köppern und Wehrheim gelegen, finden sich gut erhaltene Fundamente des Kastells mit Resten des Bades, der Torbauten, Umwehrung, Getreidespeicher, Thermengebäude und Schreibstuben. Einzigartig ist das Schicksal des Saalburgkastells, das von der Zweiten Raetischen Kohorte errichtet wurde. Rund um die Festung entwickelte sich im Laufe des zweiten Jahrhunderts ein Dorf.

Der Grenzposten Roms auf dem Taunuskamm erreichte in der zweiten Hälfte des zweiten Jahrhunderts den Höhepunkt seines Ausbaus. Bis zu 3 000 Menschen haben in jener Zeit in und vor dem Lager gelebt. Den Kern bildete eine Kohorte von etwa 500 Mann, schreiben Heike Lattka und Rainer Hein.

Etwa um die Mitte des dritten Jahrhunderts wurde das Kastell von Alemannen überrannt und zerstört. Die Römer mussten sich von dort bis an die Rheingrenze zurückziehen. Noch heute können Spaziergänger auf der Saalburg in Gedanken zurückreisen in die römische Vergangenheit wie in meinem Gedicht *Saalburg*:

schnurgerade wege
wo einst römer marschierten
über den limeskamm
zum saalburgkastell

gleichmütig haften
stunden tage
monate jahre
an dem gemäuer

vor der porta praetoria
grüßt kaiser
antoninus pius
sein imperium romanum

grün sprüht
die nymphenquelle
farne atmen
wasser ein

taunuslandschaft
sonnt sich im rosengarten
des plinius
hinter den bädern

nimm das schwert
in die hand
den kochtopf
den krug

zähl die münzen
mit lateinischer inschrift
jahrhunderte schauen
zum fenster herein

reise zurück
in die vergangenheit
schau voraus
in die zukunft

1897 wurde das Saalburgkastell auf Betreiben von Kaiser Wilhelm wieder aufgebaut und dient heute als archäologischer Park mit Museum für römische Geschichte im Taunus. Der Museumsleiter Egon Schallmayer schreibt zum hundertjährigen Jubiläum im *Jahrbuch Hochtaunuskreis 1997:*

Am 18. Oktober des Jahres 1897 teilte Kaiser Wilhelm II. anläßlich eines Festmahls im königlichen Schlosse zu Wiesbaden seinen Entschluß mit, die „Wiederherstellung der Saalburg selbst in Angriff zu nehmen". Der Kaiser verband mit den Resten des ehemaligen römischen Kastells Erinnerungen an seine Kinderjahre, denn zusammen mit seinen Eltern, Kaiser und Kaiserin Friedrich, hatte er die Ausgrabungen der römischen Ruinen besichtigt.

Von Anfang an sollte die Saalburg nicht nur ein Museum darstellen, das durch seine rekonstruierten Gebäude und die Präsentation römischer Funde ein lebendiges Bild der römischen Antike vermitteln sollte. Die Anlage war darüber hinaus auch als Forschungsinstitut konzipiert, das sich mit der Zeit ein herausragendes Renommee erarbeitet hat. …

Als Zeitzeugin erinnert sich in ihren Memoiren *Gathered Yesterdays* die englische Frau des damaligen Landrats Wilhelm von Meister an die feierliche Einweihung der Saalburg in Anwesenheit des Kaisers. Leila von Meister, geborene Leila Gardiner Trapmann, schreibt mit dem ihr eigenen britischen Humor über das denkwürdige Ereignis:

Homburg: October 1900

Wir haben neulich hier aufregende Tage gehabt, denn Ihre Majestäten sind nach Homburg angereist für die Grundsteinlegung der vielgerühmten Saalburg. Für mich war das besonders interessant, da es die erste Zeremonie dieser Art war, an der ich hier teilnahm. …

Viele Aspekte der Zeremonie kamen mir – das muss ich zugeben – ziemlich theatralisch vor. …

Der Kaiser und die Kaiserin mit ihrem Hofstaat und einer Reihe von Honoratioren und Gästen in voller Uniform stellten sich in einem weiten Halbkreis auf und blickten würdevoll drein, um nicht zu sagen: pompös.

Ein unechter 'früher Römer' trat auf, in eine Toga drapiert, mit einer schrecklichen blonden Lockenperücke auf dem Kopf, obendrauf noch ein Lorbeerkranz. …

Mit einer fürchterlich theatralischen Stimme, zitternd vor künstlicher Emotion, trug der 'frühe Römer' eine blumige Rede in schlechten Versen vor. Sie begann mit den Worten: „Ave Caesar!" und dauerte gute zwanzig Minuten. …

Ich hatte nur ein einziges Bedürfnis, nämlich zu lachen. Deshalb blickte ich auf all die bärtigen, glatzköpfigen, mittelalterlichen Herren neben mir, um zu entdecken, wie sie sich fühlten. Sie waren alle ganz ernsthaft und mochten das Spektakel. Ich war wohl die Einzige, die etwas Komisches und Unpassendes an dieser Aufführung fand. …

Leila von Meister äußert sich für eine Landratsgattin recht kritisch über einige Eigenschaften, die sie in ihrer deutschen Umgebung beobachtet:

Ich dachte oft, wenn ich mich an diese erste Erfahrung zurückerinnerte, wie typisch das Ganze für Deutschland in jener Epoche war. Unter den vielen Vorwürfen, die dem Kaiser gemacht wurden, war der, dass er die theatralischen und bombastischen Zeremonien übermäßig liebe. Diese Tendenz war sicher kein kaiserliches Monopol, sondern eine charakteristische Eigenschaft der Deutschen jener Tage, für die der Kaiser symbolisch stand.

Doch zurück zur Saalburg: Der Wiederaufbau dieses Kastells hat sich als lohnend erwiesen. Heute ist die Saalburg ein Museum und ein historischer Park. Nicht nur Schulklassen, sondern Gäste von weither reisen an um echte römische Glasvasen, Tonkrüge, Münzen und vieles mehr zu sehen.

Die in Bad Homburg lebende Schriftstellerin Irene Ruttmann hat in ihrem Jugendbuch *Titus kommt nicht alle Tage* die Saalburg als Hintergrund gewählt. In dem Roman fährt eine Schulklasse aus Bad Homburg auf die Saalburg und begegnet dort einem Jungen aus römischer Zeit, der ihnen nach Bad Homburg folgt:

Eine weiße, unberührte Schneedecke erstreckte sich von der Straße bis zum Kastell, das zwischen den Bäumen herausschaute. Es hatte Zinnen wie eine Burg. Zwischen zwei rechteckigen Tortürmen stand, die Hand mit Feldherrngeste ausgestreckt, die Bronzestatue eines römischen Kaisers. …

Vor ihnen lag das Römerkastell im unberührten Schnee. Dicke weiße Hauben bedeckten die Brunnen und die Dächer der rechtwinklig angeordneten Gebäude. …

Das Museum war auf den Grundmauern des römischen Getreidespeichers aufgebaut, sah innen aber wie die meisten Museen aus. Schaukästen, Glasvitrinen und an den Wänden Landkarten und vergrößerte Fotografien. Es gab Modelle von Steinschleudern und einer Getreidemühle. …

In einer der Mannschaftsbaracken begegnet der Bad Homburger Schüler Sven dem römischen Jungen Titus:

Er hat eine Frisur wie ich in der ersten Klasse, als meine Mutter mir noch selbst die Haare rundherum gleichmäßig abschnitt. Und große dunkle Augen hat er wie Gino, scheint aber älter zu sein, mindestens vierzehn.

Sven war verwirrt. Irgend etwas war merkwürdig. Wurde hier etwa ein Film gedreht? Aber dann hätten sie doch früher etwas merken müssen. In seinem Kopf arbeitete es, und er wußte nicht, was er sagen sollte. Der Junge schien das zu spüren, denn er erhob sich langsam, verbeugte sich leicht und sagte mit klarer Stimme: „Ave."

Was ist denn jetzt los, dachte Sven. Warum sagt der lateinisch „sei gegrüßt" zu mir und antwortete unwillkürlich laut „Ave". …

Sven setzte noch hinzu: „Bist du immer hier?"

„Ich bin ein römischer Bürger." Die Antwort klang stolz. „Aber kein Legionär, wie ihr seht. Ich gehöre zum Dorf." …

Nicht nur ein geschichtsträchtiger Ort ist die Saalburg, sondern auch eine Art Demarkationsgrenze und Wetterscheide. Bei Schneefall kann eine Fahrt über die Saalburg zu einem riskanten Unternehmen werden. Für Stadtmenschen beginnt hinter der Saalburg die Wildnis des Taunus. Befreit atmet die Dichterin Anna Sindermann jedesmal auf, wenn sie mit ihrem Auto über die Saalburg fährt in Richtung Neu-Anspach:

Über die Saalburg

Immer,
wenn ich „über den Berg" bin,
geht's mir gut.
Dann schleudert meine Nase
die letzten Abgasreste raus,
die Augen hören auf zu flattern,
es breiten Feld und Wiesen
nun ihre Weite vor mir aus.
Immer,

wenn ich „über den Berg“ bin,
geht's mir gut.
Da fällt die Sonne sanft
hinter den Bergen in ihr Bett,
der Himmel wird ganz neonfrei,
da dringt selbst durchs geschlossene Autofenster
des Eichelhähers Gute-Nacht-Geschrei.
Dann steigen Feen aus den feuchten Wiesen
und Dämmerung umhüllt das Land,
und ich spür' nah am Herzen dieses Ziehen,
weil ich hier eine Heimat fand.
Immer,
wenn ich „über den Berg“ bin,
geht's mir gut.

Die Römer haben im Taunus nicht nur als Baumeister des Limes Spuren hinterlassen. Auch Villen und Bäder erinnern an sie, unter anderem in Schlangenbad und Wiesbaden.

Schlangenbad ist benannt nach den Schlangen, die in dieser Gegend noch anzutreffen sind, den Aeskulapnattern. Es sind die größten Reptilien in Hessen, bis zu zwei Meter lang kann eine Aeskulapnatter (Elaphe longissima) wachsen. Sie ist die einzige Natter in Europa, die auf Bäume klimmt und dort Vogelnester ausraubt. Selten geworden ist diese Natternart und steht unter Naturschutz.

Angeblich haben die Römer dieses dem Heilgott Aeskulap geweihte Tier über die Alpen nach Germanien gebracht. In den römischen Thermen von Schlangenbad sorgten Aeskulapnattern dafür, dass sich Mäuse und Ratten nicht ausbreiten konnten. Als Standeszeichen der Ärzte heute windet sich eine Natter um den Aeskulapstab. Eine Natter ziert auch das Stadtwappen von Schlangenbad: Über dem Wasser erhebt sich eine Natter, auf ihrem Haupt trägt sie ein goldenes Krönchen.

Wiesbaden ist ebenfalls römisches Siedlungsgebiet. Plinius schreibt im Jahre 50 nach der Zeitenwende:

Sunt et Mattiaci in Germania fontes calidi trans Rhenum. – Es gibt bei den Mattiakern in Germanien jenseits des Rheins heiße Quellen. …

Nach den Mattiakern, einem Stamm der Chatten, nennen die Römer ihre Siedlung Aquae Mattiacae. Die heißen Quellen werden von den Römern zu Thermen ausgebaut. Auch Kultplätze für Quellgottheiten sind vorhanden. Die von den Kelten übernommene Quell- und Heilgöttin Sirona wird hier verehrt, wie ein in der Schützenhofstraße gefundener römischer Stein zeigt. Sirona besaß im römischen Kultbezirk am Hang des heutigen Schulberges in Wiesbaden einen Tempel, dessen Verwalter Gaius Julius Restitutus ihr eine Statue oder eine Stele weihte.

An anderen Orten wurde die Göttin mit Haaren gezeigt, die wie Wasser aus ihrem Kopfe hervorquollen. Sie trug eine Halbmondsichel auf dem Kopf und eine Schale mit Eiern, Früchten und Ähren in ihrer linken Hand, Symbol ihrer Fruchtbarkeit. Die Römer übernahmen die Vorstellungen von Gottheiten, die sie in den eroberten Gebieten vorfanden, und verwoben sie mit ihrem eigenen Glauben.

Bevor die Zweite Raetische Kohorte auf die Saalburg verlegt wurde, erbaute sie bei Aquae Mattiacae ein weiteres Limeskastell, das jedoch nur vierzig Jahre lang bestand. Bei einem alemannischen Sturm auf den Limes wurde das römische Kastell von Aquae Mattiacae zerstört.

Neben dem Limes mit seinen Kastellen, Badanlagen und Villen haben die Römer uns im Taunus – heute noch zu genießen – den Wein hinterlassen. Die Weinrebe, von den Römern nach Germanien importiert, gedeiht vorzüglich in den milden Lagen des Rheingau-Taunus und Main-Taunus. Die Weinlagen des Rheingaus an den Taunushängen erfreuen sich großer Beliebtheit. 1783 notierte ein „durchreisender Franzose“, alias Johann Kaspar Riesbeck aus Höchst:

Die starke Stunde Wegs von Hochheim bis nach Mainz war eine der angenehmsten auf meinen deutschen Reisen. Erst geht es auf eine Viertelstunde durch ununterbrochene Weingärten herab, die an den Straßen von Obstbäumen beschattet werden. Auf diesem Ab-

hang beherrscht man eine unvergleichliche Aussicht über ein kleines, aber ungemein reiches Land. …

1803 schreibt Johannes Ignatz Weitzel, späterer Landesbibliothekar in Wiesbaden, auf seiner Rheinreise in dem *Brief vom Rhein:*

Der heilsame Wein der Gegend ist mir bekannt: damit hat es seine Richtigkeit. Den Oppenheimer, Niersteiner, Laubenheimer darf man empfehlen. …

Auf dem Rüdesheimer Berge thronte der Niederwald in stiller Majestät; er sah ernst und mild auf den königlichen Strom herab, der zu seinen Füßen murmelnd, wie zum Gruße, vorüberzog, und schien auf das unmächtige Rauschen des Bingerlochs, wie auf das muthwillige Spiel eines Kindes zu blicken. Weiter gegen Osten glänzte der Johannisberg gleich einem Feenschlosse in der Abendsonne und ruhete in südlicher Behaglichkeit, wie in die Beschauung des schönen Landes verloren. Die vergoldeten Fenster lächelten mich einladend und neckend an, als hätte ich die Furcht verrathen, die ich nicht ganz verbergen konnte. Ein Glas Scharlachberger, dachte ich, und mit dieser Stärkung frisch gewagt! …

5. Kapitel

„Zu ihrem Erstaunen fand sie einen Wichtelmann“

(Georg Volker Dietrich)

Von Wichteln, Zwergen und Riesen

Im Taunus haben sich Bräuche, Kulturen, Religionen überlagert und vermischt. Je tiefer die archäologischen Grabungen gehen, desto mehr Schichten treten zutage. Kelten, Germanen und Römer haben ihre Spuren hinterlassen. In Märchen und Sagen ist die keltisch-germanische Überlieferung von mythischen Wesen noch heute lebendig.

Während die Römer im Taunus ihre eigenen Gottheiten verehrten und die keltisch-germanischen respektierten, ging in den folgenden Jahrhunderten die Christianisierung nicht so tolerant vonstatten. 723 schreibt ein Mönch namens Willibald über die heidnischen Hessen:

Einige ... opferten heimlich Bäumen und Quellen, andere taten dies ganz offen; einige wiederum betrieben teils offen, teils im geheimen Seherei und Wahrsagerei, Losdeuten und Zauberwahn; andere dagegen befaßten sich mit Amuletten und Zeichendeuterei und pflegten die verschiedenen Opfergebräuche. ...

Willibald berichtet weiter, wie die den Germanen heiligen Eichen gefällt werden, Sitz der Gottheit Donar, des Sturm- und Donnergottes, dessen Name sich im Donnerstag bis heute erhalten hat. Trotz des Verbotes hängen viele Hessen weiter treu am alten Glauben, wie 1882 A. W. Grube berichtet in *Charakterbilder deutschen Landes und Lebens für Schule und Haus:*

Das germanische Heidentum mit seinem Aberglauben und seiner Zauberei steckt noch zäh im Hessenblut, es ist aber doch ein schöner Zug historischer Beharrlichkeit und Treue. So sind durchs ganze

Land die Sagen von den Wichtelmännlein verbreitet, überall finden sich Spuren von ihren Wohnungen. …

Georg Volker Dietrich erzählt zwei Märchen von Wichtelmännlein im Taunus. Das erste Märchen stammt aus dem Weiltal. Eine junge Pfarrersfrau aus Rod geht in den Wald und begegnet beim Pilzepflücken einem Wichtelmännnlein:

Zu ihrem Erstaunen fand sie einen Wichtelmann, kaum zwei Fuß hoch, der mit einem Bein in ein schweres Eisen geraten war, das ein Wilderer dort ausgelegt hatte. Der Kleine litt anscheinend große Schmerzen und war nicht in der Lage, sich aus dem schweren Eisen zu befreien.

Voller Mitleid bückte sich die junge Frau, und als sie sah, was geschehen war, öffnete sie mit Mühe das schwere Eisen und befreite den Kleinen. Dieser versuchte, sich zu erheben, sank aber mit einem Schmerzenslaut wieder zu Boden, denn sein Bein war trotz seiner kräftigen Kleidung gebrochen. …

Die mitleidige Pfarrersfrau trägt den verletzten Wichtel den Berg hinauf bis vor den Eingang seiner Höhle. Der Wichtel verspricht ihre Hilfsbereitschaft nicht zu vergessen.

In der nächsten Zeit dachte die junge Frau oft an das Erlebnis mit dem Wichtelmann, und als sie es eines Tages ihrem Mann erzählte, meinte dieser, das sei alles nur Schnick-Schnack. Er habe jedenfalls noch nie einen Wichtel gesehen und wahrscheinlich habe sie die ganze Geschichte nur geträumt.

Inzwischen waren einige Wochen vergangen, und als die Pfarrfrau eines Morgens in ihr Gärtchen hinter dem Haus ging, um Petersilie zu holen, stand plötzlich der Wichtel vor ihr und sah sie lächelnd an.

„Ach, bist Du es wirklich?“ rief die Frau, „und was macht Dein Bein?“

„Es ist alles wieder in Ordnung. Ich kann wieder laufen wie früher. Heute bin ich nur hergekommen, um mich noch einmal bei Euch zu bedanken und mich erkenntlich zu zeigen. Ich habe gesehen, daß Ihr täglich die schweren Wassereimer von der Weil hier

heraufschleppen müßt. Was meint Ihr zu einem Brunnen hier im Garten, der Euch die schwere Arbeit abnehmen könnte?"

„Ach wie oft habe ich mir das schon gewünscht. Aber wie soll das Wasser von der Weil hier heraufkommen? Du meinst es sicher gut, kleiner Freund, aber ein Brunnen hier im Garten wird wohl immer ein Traum bleiben."

„Sagt das nicht", erwiderte der Wichtel, „wir Zwerge können so manches, und da es weiter oben im Wald Wasseradern gibt, braucht man sie nur hierherzuleiten und im Garten einen Brunnen zu graben. Dann habt Ihr täglich Wasser, so viel Ihr braucht."

Die Frau glaubt geträumt zu haben. Eine Weile geschieht nichts. Doch dann findet sie eines Tages ihren Brunnen:

Als die Pfarrfrau aber am Morgen nach dem Neumond, der dunkelsten Nacht des Monats, in den Garten kam, fand sie zu ihrer grenzenlosen Überraschung einen hübsch gemauerten Brunnen, der mit kristallklarem Wasser bis zum Rand gefüllt war. …

Sogar der Pfarrer glaubt jetzt an die Existenz des Wichtelmannes. Doch der erscheint nie wieder:

Von diesem Tage an gab es im kleinen Pfarrhaus immer reichlich Wasser. Die Pfarrfrau hatte es viel leichter als vorher und sie hätte sich gerne bei dem Wichtel für das große Geschenk bedankt. Aber sie sah ihn nie wieder. Auch als sie im Wald bis zum großen Felsen ging und nach ihm rief, blieb er unsichtbar. Nur ein leises, glockenhelles Lachen war aus dem Felsen zu vernehmen.

In dem zweiten Märchen begegnet ein Müller aus dem Reichenbachtal einem Wichtelmännlein, das einen Sack herbeischleppt, dessen Inhalt gemahlen werden soll:

Er nahm den Sack und stapfte zur Mühle, öffnete den Wasserzufluß und schüttete den Inhalt des Sacks in den Mahltrichter.

Der Kleine war dem Müller gefolgt, nachdem er mühsam die Treppe hinaufgeklettert war, und nun standen beide vor dem Auslauf des Mahlgutes und blickten auf das Ergebnis. Das feine Mahlgut, das aus Erde bestand, war durch das Sieb gefallen und etwa zwei Hände voll körnerartiges Material war übrig geblieben, in dem es golden aufblitzte.

Während der Müller erstaunt auf das Mahlgut blickte, sammelte der Wichtelmann mit flinken Fingern die goldenen Körner und meinte befriedigt, er habe es ja gewußt, daß das Mahlen sich lohnen würde.

Damit überreichte er dem Müller etliche der goldenen Körner als Lohn und erklärte, er wollte nun öfter kommen und einen Sack mahlen lassen. ...

Der Müller wird reich und zieht den bösen Blick neidischer Leute auf sich, die ihm den Goldschatz nicht gönnen:

In dem kleinen Dorf unterhalb der Burg Falkenstein munkelten die Leute, der Müller hielte es mit dem Bösen. Er habe seine Seele dem Teufel verschrieben, denn mit dem Mahlen der kleinen Kornmengen könne er niemals so viel Geld verdienen.

Obwohl der Müller nicht mit seinem Geld prahlte und weiter für die Bauern um geringe Vergütung Korn mahlte, wuchs der Neid in dem kleinen Dorf und machte den Müllersleuten sehr zu schaffen. Überall wurden sie schief angesehen und manche gehässige Bemerkung mußten sie einstecken. ...

Die Müllerfamilie verkauft ihren Besitz und verlässt das Reichenbachtal. Die Mühle verfällt:

Die Mühle im Reichenbachtal blieb verlassen und verfiel mit der Zeit völlig. Die Kunde von der Goldader im Taunus hat Jahrhunderte später, in der Barockzeit, einen Homburger Landgrafen veranlaßt, an der Seite eines Vorberges, heute Goldgrube genannt, nach Gold zu schürfen.

Aber das Vorkommen war so schwach, daß der Versuch bald wieder aufgegeben wurde. Höchstens die Wichtelmänner, die ja im Berg leben, könnten hier mit Erfolg Gold fördern. Aber die Wichtelmänner haben sich schon seit langer Zeit im Taunus nicht mehr sehen lassen. Wer weiß, was aus ihnen geworden ist!

Das Motiv der Mühle und des Müllers mit seiner Müllerin, die von geheimnisvollen Mächten auf verborgene Schätze hingewiesen werden, findet sich mehrfach im Taunus, so auch im Wispertal. Hier allerdings ist es kein Wichtelmann, sondern eine geheimnisvolle Stimme, welche die Müllerin ruft. Ludwig Bechstein erzählt in seiner Sage *Die Wisperstimme*, dass der Schatz der Müllersfamilie keinen Segen bringt. Die Müllerin bezahlt ihr Wissen mit dem Leben:

Die Wisperstimme

Ohnweit Lorch am Rhein liegt eine Mühle im Wispertale und am Wisperbach, darinnen lebten der Müller, seine Frau und seine Kinder ganz gut und glücklich. ...

Nach einer Zeit geschah es, daß die Müllerin eine Stimme hörte, als wispere ihr jemand in das Ohr, und sah doch niemand – und dann wisperte es von neuem: Gehe hinauf auf den Kammerberg, hebe den Schatz im Turm – er ist dir bestimmt – der Schlüssel steckt am schwarzen Kasten!

Die Frau, dadurch beunruhigt, erzählte ihrem Manne, was sie immer um sich flüstern und wispern hörte, der aber sagte: „Possen! Träumerei! Hirngespinste – kehre dich nicht an solche Dinge – unser Schatz ist der weiße Mehlkasten!"

Aber die Frau hörte die Wisperstimme fort und fort und hatte keine Ruhe mehr und hatte auch Lust zum Schatz, wenn der ihr doch einmal beschert sei – und eines Morgens, da der Müller weit oben im Tale am Wehr in der Wisper zu bauen hatte und nicht so bald nach Hause zu kommen gedachte, ging die Frau mit ihrem jüngsten Kinde, einem Säugling, in aller Stille hinauf auf den Kammerberg.

Der Müller aber vollendete sein Geschäft früher und kam nach Hause, es war gerade Mittag und Essenszeit, aber die Müllerin fehlte. Wie er nun nach der Mutter fragte, so sagte ihm sein ältester Knabe, daß seine Mutter mit dem Jüngsten auf dem Arm schon vor ein paar Stunden den Berg hinaufgegangen sei.

Eilend rannte der Müller hinauf, und als er in die Trümmer eintrat, hörte er die Stimme seines wimmernden Kindes, die aus der Öffnung eines halbverfallenen Turmgewölbes drang, stieg hinab und fand darin sein Weib leblos am Boden liegen. Eilend zieht er

Frau und Kind aus dem Gemäuer und trägt und schleppt beide hinab in sein Haus.

Dann ist nach langer Ohnmacht die Müllerin zu sich gekommen und hat erzählt, die Wisperstimme habe ihr Tag und Nacht keine Ruhe gelassen, sie habe hinaufgemußt, und die Stimme habe ihr auf dem Wege noch zugewispert, sie solle ganz ohne Furcht und Bangen sein, es werde ihr nichts geschehen, nur reden solle sie um keinen Preis.

Sie stieg in das Turmgewölbe hinab – da stand der Kasten, da stak der Schlüssel, sie öffnete – da lag das blanke Gold – sie durfte nur nehmen – da hört sie plötzlich ihren ältern Knaben hinter sich rufen: „Mutter! Mutter!" und antwortet unwillig:

„Was gibts", und da tut es einen entsetzlichen Krach, als berste der Turm und stürze das Gemäuer auf sie und ihr Kind nieder, und eine Stimme ruft aus: „Weh! Weh! Warum redest du? Nun bin ich wieder unerlöst auf aber hundert Jahre!" – Und da ist es der Müllerin schwarz vor den Augen geworden.

Und als sie das alles ihrem Mann erzählt gehabt, ist sie in eine tiefe, schwere Krankheit verfallen, und nach drei Tagen ist sie eine Leiche gewesen. So hat es der Wispermüller selbst erzählt im Jahre des Herrn 1814.

Auch eine Art von Berggeist ist der Butz, nach dem der Butznickel bei Schloßborn benannt ist. Heinz Benkert schreibt im *Jahrbuch Hochtaunuskreis 1997*:

Über den markanten Höhenzug bei Schloßborn gibt es mehrere Sagen. Angeblich liegt im Butznickel ein Schatz begraben. Jedes Jahr soll deshalb unter lautem Getöse ein Geist, ein 'Butz', erscheinen, um nachzusehen, ob sich der Schatz noch unversehrt im Inneren des Berges befindet.

Zwischen 1921 und 1923 machten Waldarbeiter beim Wegebau ... einen Depotfund aus der Hallstattzeit (800–450 v. Chr.). Es handelte sich um Bruchstücke vollgegossener Bronzefußringe.

In der 'Chronik für das Ort Schloßborn/Taunus' ging Altbürgermeister Marx (gestorben 18. 5. 1955) auf den Depotfund ein und bemerkte außerdem, daß „der Gipfel des zum hiesigen Gemeinde-

bezirk gehörigen Berges Butznickel mit seinem Felsmassiv und den vorgelagerten Steinmassen von Kennern als ehemalige germanische Befestigung angesprochen wird". ...

Inzwischen machen sie sich rar, die Butzen, Wichtel und Zwerge im Taunus. Denn sie lieben das geschäftige Dröhnen der Menschen nicht. Zu viele Straßen sind gebaut worden, zu viele Autos fahren durch und stören die Ruhe. Aber in stillen Momenten sind sie noch da. Wer schweigend sitzen und warten kann, dem werden sie sich zeigen, die guten Geister des Waldes.

Zu den Lieblingsschriftstellern der Hessen gehören die Brüder Grimm bis heute. Die Grimm'schen Märchen sind zwar geografisch nicht genau zu fixieren, aber die Landschaft und Lebensweise der Menschen, die den Hintergrund dieser Märchen bilden, gehören nach Hessen. Die Dörfer, Felder und Wiesen, Berge und Täler, Burgen und Schlösser, von denen die Brüder Grimm erzählen, könnten alle im Taunus liegen.

So lugen in der Fantasie die Grimmschen Wichtel und Zwerge aus Erdspalten am Feldberg und Altkönig hervor, hüten Schätze im Wispertal oder Braubachtal, hausen in unterirdischen Gängen unter Burgen des Taunus wie zum Beispiel unter der malerischen Burgruine von Altweilnau. Sie sind überall dort zu entdecken, wo die Fantasie hinfliegt, wo es geheimnisvoll und märchenhaft ist.

Von der Volkssage werden mit gutem Grund die Märchen abgesondert. …

Das Märchen fliegt, die Sage geht. Das Märchen kann frei aus der Phantasie schöpfen, die Sage hat eine halb historische Beglaubigung. Wie das Märchen zur Sage, steht die Sage selbst zur Geschichte und, läßt sich hinzufügen, die Geschichte zu der Wirklichkeit des Lebens. Im wirklichen Leben sind alle Umrisse scharf, hell und sicher, die sich im Bild der Geschichte stufenweise erweichen und dunkler färben, schreibt Jacob Grimm in seiner Einführung zur *Deutschen Mythologie.*

In den Grimm'schen Märchen gehören die Wichteln und Zwerge zum Stammpersonal der Märchenfiguren. In *Schneeweißchen und Rosenrot* kommt ein übler Zwerg vor, dem jedoch von einem Bären der Garaus gemacht wird. Als die beiden Mädchen, Schneeweißchen und Rosenrot, draußen sind um Holz zu sammeln treffen sie den Zwerg, ein häßliches, unfreundliches, mürrisches Wesen, dessen Bart sich in einer Baumspalte verklemmt hat:

Er glotzte die Mädchen mit seinen roten, feurigen Augen an und schrie: „Was steht ihr da! Könnt ihr nicht herbeigehen und mir Beistand leisten?"- „Was hast du angefangen, kleines Männchen?" fragte Rosenrot. „Dumme, neugierige Gans", antwortete der Zwerg, „den Baum habe ich spalten wollen, um kleines Holz für die Küche zu haben." …

Die Mädchen befreien ihn, indem sie ihm einen Teil des langen Barts abschneiden, worauf der Zwerg sie beschimpft, seinen Sack voll Gold ergreift und grußlos verschwindet. Noch zweimal helfen ihm die Mädchen aus der Klemme:

Einige Zeit danach wollten Schneeweißchen und Rosenrot ein Gericht Fische angeln. Als sie nahe bei dem Bach waren, sahen sie, daß etwas wie eine Heuschrecke nach dem Wasser hüpfte, als wollte es hineinspringen. Sie liefen heran und erkannten den Zwerg. „Wo willst du hin?“ fragte Rosenrot. „Du willst doch nicht ins Wasser?“- „Solch ein Narr bin ich nicht“, schrie der Zwerg, „seht ihr nicht, der verwünschte Fisch will mich hineinziehen?“ …

Und wieder wird ein Stück des Bartes abgeschnitten um den Zwerg von der Angelschnur zu befreien, in die sein Bart sich verflochten hat. Nach seiner Befreiung schnappt er sich einen Sack voll Perlen und läuft weg.

Beim dritten Mal treffen die Mädchen ihn in den Klauen eines Adlers, der ihn in die Lüfte entführen will. Sie zerren ihn herab, wobei sein Röcklein zerreißt, was ihnen erneut Beschimpfungen des Zwerges einbringt. Er nimmt einen Sack voller Edelsteine und schlüpft in seine Höhle. Doch diesmal greift ein Bär ein, der ihn mit der Tatze erschlägt, ihm seine Schätze abnimmt und sich in einen schönen jungen Mann verwandelt:

„Ich bin eines Königs Sohn“, sprach er, „und war von diesem gottlosen Zwerg, der mir meine Schätze gestohlen hatte, verwünscht, als ein wilder Bär in dem Wald zu laufen, bis ich durch seinen Tod erlöst würde. Jetzt hat er seine wohlverdiente Strafe empfangen.“

Schneeweißchen ward mit ihm vermählt und Rosenrot mit seinem Bruder, und sie teilten die großen Schätze miteinander, die der Zwerg in seiner Höhle zusammengetragen hatte. …

Das Gegenstück zu den Butzen, Wichteln und Zwergen sind die Riesen. Im Taunus zeugen Burgruinen von ihrem Hausen in früheren Zeiten. Georg Volker Dietrich erzählt das Märchen von Fortinbras, einem Riesen am Hünerberg zwischen Kronberg und Oberursel:

Einer der Vorberge des Taunus unterhalb Feldberg und Altkönig ist der Hünerberg, auf dem heute noch die Reste mächtiger Befestigungsanlagen aus der Vorzeit zu finden sind. Hier stand in uralter

Zeit die Burg eines Riesen, was aus dem Namen Hünerberg = Hünenberg (Hüne = Riese) zu erkennen ist.

Hier lebte der Riese Fortinbras allein mit seiner fünfzehnjährigen Tochter Irmintrud. Seine Frau war bei der Geburt des Kindes gestorben. …

Eines Tages begegnet das Riesenmädchen einem jungen Ritter von der Kransburg. Trotz des gewaltigen Größenunterschiedes verlieben sie sich ineinander. Der Ritter lässt sich von einer Hexe in einen Riesen verwandeln um Irmintrud ebenbürtig zu sein und sie heiraten zu können. Doch Fortinbras hat einen besseren Vorschlag:

„Wenn es möglich ist“, erklärte er, „auch Riesen in Menschen zu verwandeln, dann ist es sicher besser, wir werden zu Menschen, dann könnt ihr, lieber Junker, zu eurer Familie zurück, und Irmintrud und ich werden aus unserer Einsamkeit erlöst. Denn seit es weit und breit keine Riesen mehr gibt, fühle ich mich auf der Hünerburg einsam.“ …

Alle drei machen sich auf zu der Hexe, um sich in Menschen verwandeln zu lassen:

Die Alte hatte diese Lösung schon geahnt. Sie holte das Zauberkraut hervor, murmelte ihren Spruch und berührte die drei Riesen mit dem Kraut. In wenigen Sekunden schrumpften die Riesen zusammen und hatten normale menschliche Größen. …

Nach der Hochzeit zieht Irmintrud zu ihrem Mann auf die Kransburg:

Die Burg auf dem Hünerberg verfiel, da es weit und breit keine Riesen mehr gab, die sie hätten bewohnen können. Der Name Hünerberg aber ist geblieben bis auf den heutigen Tag.

Von einem hilfreichen Riesen erzählt Klaus Wagner in der *Sage um ein altes Grab auf dem Grävenwiesbacher Friedhof*:

Als man während der fünfziger Jahre des vorigen Jahrhunderts den Kirchhof der Grävenwiesbacher Kirche umgrub, kam auch die Reihe an ein seit Jahren unversehrt gebliebenes Grab. In diesem lag der Überlieferung nach ein Riese aus Heinzenberg. … Mit ihm hatte es folgende Bewandtnis:

Als der Klang der Kriegstrompete in die Taunusberge drang, ergriff allgemeine Verzagtheit die Bevölkerung des Gebirges. Sie verließ ihre Wohnstätte und suchte draußen im Waldesdunkel zwischen Felsen und Klippen ihre Zuflucht. … So kam die Kriegsfurie auch über Heinzenberg.

Als unser Dörflein von den Truppen durchwühlt war und hier und da die Brandfackel des Krieges die Nacht zum Tage machte, erschien in der größten Not ein übernatürlich großer Mann. …

Dieser Riese verspricht den Heinzenbergern zu helfen, wenn sie ihn im Ort aufnehmen wollen. In ihrer Not sagen sie zu und der Riese schlägt die Feinde in die Flucht. Als der Friede einkehrt, wollen die Heinzenberger ihr Versprechen nicht einhalten:

Da wurden die Heinzenberger ihres riesigen Gastes müde. Sie überlegten, wie sie ihn loswerden könnten. Nun faßten die Dörfler einen schlauen Plan: Die Wolfsschlucht bei Grävenwiesbach war wegen der darin verborgenen Unholde weit und breit im Lande gefürchtet. So stellten die Heinzenberger ihrem Mitbewohner die Aufgabe, in die Schlucht einzudringen, einen Wolf herauszuholen und ihn gefesselt nach Heinzenberg zu bringen. Das aber war nur eine kleine Mühe für den mächtigen Riesen. Schnell und vollständig löste er die ihm gestellte Aufgabe. Nun hatte er sich sein endgültiges Wohnrecht im Dorfe erworben!

Als bald darauf abermals die Kriegstrompete über die Taunushöhen schallte, waren die Heinzenberger der Gegenwart des Riesen so recht froh. Die feindlichen Heeresmassen ließen auch nicht lange auf sich warten. Bald erschienen die ersten Soldaten, ihr blutiges Handwerk zu beginnen. Hätte man nun den gewaltigen Mann nicht gehabt, man wäre den Söldnerscharen gegenüber schutzlos gewesen. Der Riese verteidigte wacker den Eingang des Dorfes. Als die Feinde mit blutigen Köpfen zurückgeschlagen wurden, zogen sie abwärts ins Tal, und Heinzenberg war gerettet.

Des Riesen Name und Herkunft werden nicht erwähnt; sein späteres Leben mag still und ruhig verlaufen sein. Nach seinem Tode hat man ihn auf dem Grävenwiesbacher Kirchhof beigesetzt.

In der Gegend um Eppstein soll ein böser Riese gelebt haben, wie Ludwig Bechstein in der Sage *Die Eppsteiner* erzählt. Der Riese entführt Jungfrauen und vergewaltigt sie, was der Sagenerzähler Bechstein in der Sprache des 19. Jahrhunderts verschämt umschreibt. Schließlich muss der Riese seinen Kampf gegen die Menschen mit dem Leben bezahlen:

Es hauste vordessen in den wirren Felsenschluchten und dunklen Gebirgtälern um das heutige Eppstein ein wilder Riese, der lauerte den Jungfrauen auf, und wenn er eine fing, geschah ihr mehr nach seinem Willen als nach dem ihren.

Einstmals gelang es ihm, ein Fräulein von Falkenstein, welches ein edler Ritter minnte, hinwegzuführen. Der Ritter, welcher Eppo hieß, folgte eilend dem Riesen nach, mit ihm zu kämpfen oder ihn durch List zu besiegen, und hatte ein eisernes Netz, das er an einem gewissen Ort aufstellte.

Damit der Riese, wenn er ihn wahrnehme, ihn nicht sogleich erkenne, mußte der Knappe Eppos Gewand und Rüstung anlegen, und Eppo trug die des Knappen. Der Riese achtete sich keinen Deut um den Ritter, der ihm nachfolgen wollte, er war mit all seinen Gedanken nur bei seiner Gefangenen und trachtete danach, ihr zu tun wie den anderen, aber ein Schutzgeist war mit und bei ihr, gegen den weder des Riesen Stärke noch seine Zaubermacht, denn er war auch ein Zauberer, etwas vermochte.

Voll Grimm darüber wandte sich nun der Riese Eppo entgegen, und da er diesen daherkommen sah, so gebrauchte er sich seiner Zauberkunst und Macht und verwandelte Eppos Dienstmann in einen Felsen, meinte so, seinen Feind für genugsam lange Zeit an eine Stelle gebannt zu haben, und eilte vorwärts, um auch alles Gefolge des Ritters unschädlich zu machen.

Darüber aber stürzte der Riese in das eiserne Netz, zappelte darin gar gewaltig, konnt' es aber nicht zerreißen, und nun kam der Ritter in Knappentracht, der sich verborgen gehalten, hervor, schleppte den Riesen auf einen hohen Felsen und stürzte ihn von da herunter, worauf er die Gefangene des Riesen aus ihrem Bann befreite und sie zum Ehegenoß gewann. Den verzauberten Dienstmann konnte Eppo leider nicht lösen, der steht heute noch starr und steif wie ein Felsen und ist ein Felsen und heißt der Mannstein.

Darauf erbaute Ritter Eppo eine neue Burg auf den Fels, von welchem herab er den Riesen gestürzt, und das wurde der Eppstein, und zu den Gewölbrippen im Tor wurden statt der gebogenen Steine die Rippen des Riesen eingemauert und angeschmiedet.

Dem Ritter aber und seiner Gemahlin entsproßte ein gewaltiges Geschlecht mannlicher Helden und großer Kirchenfürsten; die Ritter empfingen aus des Kaisers Hand das Waldbotenamt am obern Taunus zu Lehen, und fünf Eppsteiner behaupteten nach und nach den erzbischöflichen Stuhl zu Mainz.

6. Kapitel

„Holunder tut Wunder“

(Sigrid Früh)

Von Feen, Wasserweibchen, Nixen und Frau Holle

Das weibliche Gegenstück zu den Wichteln, Zwergen und Riesen sind die Feen, Wasserweibchen und Nixen im Taunus. Auch Frau Holle, die alte germanische Göttin Holla, lebt in Sagen und Märchen weiter. Meist sind diese weiblichen Wesen hilfreich, wie Georg Volker Dietrichs Märchen von der guten Fee in Falkenstein erzählt. Sie verhilft dem kinderlosen Grafenpaar auf der Burg Falkenstein zu einem lange ersehnten Kind:

In dieser alten Zeit, als die Welt noch voller Geheimnisse und Wunder war und es noch gute und böse Feen gab, die den Menschen halfen oder ihnen auch schadeten, hatte eine gute Fee die Gräfin lange beobachtet und nahm sich vor, sie für ihre guten Werke zu belohnen. Sie schenkte ihr die Erfüllung ihres sehnlichen Wunsches, und zur großen Freude des Paares brachte die Gräfin ein Kind zur Welt, einen gesunden Knaben, der den Namen Dagobert erhielt.

Dem Kind legte die gute Fee noch ein besonderes Geschenk in die Wiege. Um ihm Enttäuschungen im Leben zu ersparen, bestimmte sie, dass das Kind im Laufe seines ganzen Lebens jeden Menschen erkennen sollte, der es belügen oder ihm etwas wegnehmen würde. Auf der Stirn des Lügners oder des Diebes sollte ein roter Punkt erscheinen, den nur Dagobert sehen konnte. …

Mit diesem Geschenk der guten Fee wächst der Graf heran und wird zu einem ausgezeichneten Menschenkenner. Auch bei seiner Brautwahl achtet er auf den roten Punkt. Traurigerweise gefallen ihm die Mädchen mit einem roten Punkt auf der Stirn besonders gut, die anderen nicht. Schließlich verliebt er sich in die Tochter des Schultheißen von Falkenstein und besucht sie oft. Weil sie ihm das

Herz gestohlen hat, erscheint ein goldener Punkt auf ihrer Stirn – golden, nicht rot, denn sie hat den Herzensdiebstahl ja nicht absichtlich begangen. Als Dagobert dies begreift, heiratet er das Mädchen:

Schon wenige Tage später wurden Dagobert und Gerlinde in der Burgkapelle getraut. Sie wurden so glücklich wie Eheleute nur werden können. Heutzutage glauben wir, bei einer solchen Ehe handle es sich nur um einen glücklichen Zufall. Kein Mensch glaubt mehr, daß auch eine gute Fee die Hand im Spiel gehabt haben könnte.

Zu der alten Zeit, in der unsere Geschichte spielt, war die Welt noch voller Geheimnisse und Wunder. Da niemand mehr an Feen glaubt, wirken sie nur noch ganz im geheimen. Immer wieder gibt es Menschen, denen eine Fee ein Geschenk in die Wiege legt. Ihnen gelingt alles und sie werden glücklich. Aber niemand weiß, aus welchem Grund.

Eine Spielart der Fee ist das Wasserweibchen, eine Fee mit Fischschwanz, sozusagen. Sie hält sich – wie der Name schon sagt – im Wasser auf. Hübsch und verführerisch sind die Wasserweibchen. Solange sie im Wasser leben, altern sie nicht.

Eine dieser sagenhaften Gestalten heiratete einst einen Homburger und lebte glücklich unter den Menschen. Das Gasthaus „Zum Wasserweibchen" in Bad Homburg vor der Höhe erinnert an sie. Georg Volker Dietrich erzählt, wie es dazu kam:

Das Wasserweibchen

In den alten Zeiten, als es vor der Höhe noch kein „Bad" und nicht einmal ein „Homburg vor der Höhe" gab, lag in dem Tal vor dem Hardtberg, wo sich heute der Kurpark ausbreitet, ein herrschaftlicher Hof. Eine trotzige Wehrmauer umgab den Wohnbau, die Scheunen und Stallungen. An der Mauer entlang floß der Bach, den man heute den Kirdorfer Bach nennt. Er führte viel mehr Wasser als heute, denn damals trieb man noch keine tiefen Stollen in den Berg, um das Wasser abzufangen, bevor es aus der Erde kommen kann. Es war noch ein kräftig strömender Bach, in dessen kristall-

klarem Wasser sich viele Fische tummelten und in dessen tieferen Gumpen man ein erfrischendes Bad nehmen konnte.

In diesem Bach wohnte seit Jahrhunderten ein Wasserweibchen. Es war jung und hübsch, und da es auch nicht alterte, solange es in seinem Element blieb, war es auch nach Jahrhunderten noch genau so hübsch wie am ersten Tag. ...

Das Märchen erzählt von einem Vater und seinen zwei Söhnen, die den herrschaftlichen Hof bewirtschaften, von Thor, dem Vater, mit Thor junior und Heimdal. Eines Tages sitzt Heimdal mit seiner Flöte unter den Weiden am Bach und entdeckt das Wasserweibchen:

Was er zuerst undeutlich, dann, als er leise näher geschlichen war, immer deutlicher erblickte, ließ sein Herz so lebhaft klopfen, daß er die Hand auf die Brust legen mußte. Am anderen Ufer auf einem Stein saß das Wasserweibchen und betrachtete ihr Spiegelbild im klaren Wasser. Der Mond beleuchtete die klaren Linien des hübschen Mädchens, und Heimdal wagte kaum zu atmen, weil er fürchtete, das Idyll würde vor seinen Augen sich in Nichts auflösen. ...

Heimdal möchte das Mädchen kennenlernen. Doch wagt er nicht es anzusprechen. Er meint, es würde beim Klang seiner Stimme verschwinden. Da sieht er ein weißes Kleid am Ufer liegen und nimmt es an sich um das Wasserweibchen am Abtauchen zu hindern:

Das Mädchen griff tief erschrocken nach dem Kleid. Doch Heimdal hatte es fest in der Hand, und als er nun die zarte Hand des Mädchens sah, die nach dem Tuch griff, nahm er mit der Linken auch die Hand des Mädchens und hielt sie zart, aber unüberwindlich fest. „Ach bitte, laß mich los und gib mir mein Kleid wieder“, bat das Mädchen ängstlich. „Hab keine Angst“, rief Heimdal, „ich will dir ganz gewiß nichts tun und dein Kleid gebe ich dir auch zurück. Aber du mußt mir noch etwas Gesellschaft leisten und von dir erzählen.“ Dabei ließ er kein Auge von dem Mädchen. ...

Als das Wasserweibchen Heimdal verspricht an den folgenden drei Abenden bis zum Vollmond wiederzukommen, gibt er das Gewand zurück. Heimdal kann den nächsten Abend kaum erwarten:

Viel zu früh machte er sich auf den Weg zum Bach und setzte sich neben dem Stein nieder, auf dem das Mädchen gekniet hatte. Leise murmelte der Bach, und die Strahlen des sich rundenden Mondes verzauberten das Wasser zu flüssigem Silber.

Plötzlich tauchte das Wasserweibchen lautlos aus der Flut, setzte sich still auf den Stein neben Heimdal und sah ihn erwartungsvoll an. Der junge Mann, sonst nicht auf den Mund gefallen, war so verwirrt, daß er zunächst kein Wort herausbrachte. Er sah das Mädchen verliebt an und fand endlich auch einige Worte. ...

In diesen Sekunden erkannten beide, daß sie sich unrettbar ineinander verliebt hatten. Das Mädchen neigte sich zur Seite, Heimdal legte zart seinen Arm um ihre Schultern und dann besiegelten sie ihre Erkenntnis mit einem langen Kuß.

Das Wasserweibchen hatte sich schon manchmal bei der Unterhaltung mit den einsilbigen Fischen gelangweilt, und als Heimdal nun fragte, ob sie seine Frau werden wollte, da fiel ihr der Entschluß nicht schwer und die Zukunft erschien ihr in viel schöneren Farben. ...

Heimdal und das Wasserweibchen wurden ein Paar, sie lebten glücklich in dem großen Hof und hatten eine zahlreiche Nachkommenschaft, von der noch heute einzelne Glieder im vorderen Taunus leben. Viele Jahrhunderte hielt sich in der Familie die Erinnerung, daß eine ihrer Voreltern ein Wasserweibchen gewesen sein sollte. ...

Eine Gaststätte der Homburger Altstadt „Zum Wasserweibchen" erinnert noch an die alte Geschichte.

Ähnlich geht es einer Nixe im Meerpfuhl, wie Hilde Kampermann aus Merzhausen erzählt. Auch dieses Wasserwesen heiratet einen Menschen an Land und wird mit ihm glücklich. Zwar wirbt der Wassermann um die bezaubernde Nixe namens Erla, doch sie will ihn nicht. Er ist ihr zu zottelig und zu grau.

Nun befand sich in der Nähe die Wasserburg der Herren von Stockheim, dort, wo heute noch der Stockheimer Hof bei Usingen steht. Als eines Tages einer der jungen Edelleute, Gundolf von Stockheim, durch die Wälder ritt, wurde er von einem zauberhaften Gesang angelockt, der aus der Richtung des Meerpfuhls kam. Bald entdeckte er – durch Schilf und Buschwerk am Ufer des Sees hindurchspähend – eine wunderschöne Frau, die sich ihr goldbraunes Haar kämmte und dazu mit heller Stimme sang. …

Die beiden verlieben sich ineinander und heiraten. Zwar wirbt der Wassermann noch einmal heftig um sie und will ihr die Heirat mit dem Menschen ausreden, doch sie lässt sich nicht beirren und heiratet ihren Gundolf von Stockheim.

Auf der Stockheimer Wasserburg bestaunten alle die liebliche Braut. Gundolf tat alles, damit sie sich wohlfühlen möchte; denn er wußte, daß sie aus einer ganz fremden Welt zu ihm gekommen war.

Bald bemerkte er, daß sie in mondhellen Nächten seufzend aufstand und zum Wassergraben der Burg hinuntereilte, um den Widerschein des Mondes stundenlang anzusehen. Er liebte sie und ließ sie gewähren. Auch den anderen Burgbewohnern kam manches seltsam vor: Erla duldete keinerlei Fischgerichte, ihre Kleider wählte sie nur in blauen und grünen Farbtönen, sie weigerte sich, ihr Haar in Zöpfe zu flechten wie die anderen Frauen und trug es ganz offen. Sie war stets freundlich zu jedermann. Mit ihrem hellen Lachen und schönen Liedern gewann sie aller Herzen. Und so gewöhnten sich die Burgbewohner nach und nach an die Eigenarten der jungen Frau. …

Erla und Gundolf bekommen fünf Kinder und sind sehr glücklich miteinander. Obwohl sie sich manchmal nach dem Wasser des Meerpfuhls zurücksehnt, genießt sie die Liebe ihres Mannes und der Kinder. Erla bleibt bei ihrer Familie auf der Wasserburg von Stockheim.

Eine andere Sagen- und Märchengestalt ist Frau Holle, eine Göttin aus germanischer Zeit. Sie ist auch bekannt unter den Namen Hulda, Holda oder Holla. Wenn sie ihre Federbetten ausschüttelt, schneit es. So erzählen die Brüder Grimm in dem Märchen von *Frau Holle*. Goldmarie und Pechmarie gelangen durch einen Brunnen zu ihr, denn sie lebt in der Unterwelt.

Die germanische Göttin Holda wurde am Wasser verehrt, an Brunnen, Mooren, Teichen. Holda wurde als die Mutter allen Lebens, aber auch als die Herrin des Todes gesehen. Zu Holda in der

Unterwelt kehrten die Toten heim. Ihr Reich galt als der Aufenthaltsort ungeborener Kinder. Die Verstorbenen wie die Ungeborenen bildeten Holdas Gefolge.

Als schamanische Reise in die untere Welt kann die Fahrt in das Land der Frau Holle gelten. Goldmarie, die Heldin des Märchens, zieht aus um Erlebnisse zu bewältigen, sich zu bewähren und zu reifen. In Grimms Märchen beginnt der Abstieg in die Unterwelt damit, dass das Mädchen am Brunnen sitzt und spinnt. Als die blutige Spindel ins Wasser fällt, steigt es hinab in Holles unterirdisches Reich. Dort übernimmt das Mädchen bestimmte Aufgaben. Es zieht gebackenes Brot aus dem Ofen, schüttelt reife Äpfel von einem Apfelbaum und schüttelt Frau Holles Kissen aus. Die Brüder Grimm erzählen:

Das arme Mädchen mußte sich täglich auf die große Straße bei einem Brunnen setzen und mußte so viel spinnen, daß ihm das Blut aus den Fingern sprang. Nun trug es sich zu, daß die Spule einmal ganz blutig war, da bückte es sich damit in den Brunnen und wollte sie abwaschen; sie sprang ihm aber aus der Hand und fiel hinab.

Es weinte, lief zur Stiefmutter und erzählte ihr das Unglück. Sie schalt es aber so heftig und war so unbarmherzig, daß sie sprach: „Hast du die Spule hinunterfallen lassen, so hol sie auch wieder herauf."

Da ging das Mädchen zu dem Brunnen zurück und wußte nicht, was es anfangen sollte; und in seiner Herzensangst sprang es in den Brunnen hinein, um die Spule zu holen. Es verlor die Besinnung, und als es erwachte und wieder zu sich selber kam, war es auf einer schönen Wiese, wo die Sonne schien und vieltausend Blumen standen.

Auf dieser Wiese ging es fort und kam zu einem Backofen, der war voller Brot. Das Brot aber rief: „Ach, zieh mich raus, zieh mich raus, sonst verbrenn ich. Ich bin schon längst ausgebacken." Da trat es herzu und holte mit dem Brotschieber alles nacheinander heraus.

Es kam zu einem Baum, der rief: „Ach, schüttel mich, schüttel mich, wir Äpfel sind alle miteinander reif." Da schüttelte es den Baum, daß die Äpfel fielen, als regneten sie, und schüttelte, bis keiner mehr oben war; und als es alle in einen Haufen zusammengelegt hatte, ging es wieder weiter. …

Das Spinnen und Brotbacken gehörte zu den Arbeiten der hessischen Bauersfrauen und Mädchen im Taunus noch bis in das 20. Jahrhundert hinein. Joachim Bierwirth lässt in seinem Sammelband *Merzhausen im Taunus 1923–1993* Merzhäuser Frauen selbst zu Wort kommen:

Im Winter kamen wir jeden Tag zusammen zum Stricken und Handarbeiten. Die eigentliche frühere Spinnstube hatte sich schon längst in eine Strickstube verwandelt. Jede Woche wurde am Abend in einem anderen Haus gearbeitet und erzählt dazu. Es war immer heiter und unterhaltsam. …

Über das gemeinsame Backen in dem Backes des Dorfes berichtet Joachim Bierwirth:

Ein Backes, das ist die mundartliche Bezeichung für ein Backhaus. Man benötigte es, weil es früher keinen Bäcker, erst recht keinen Lebensmittelladen oder Supermarkt gab, in dem man sein Brot einkaufen konnte. …

Und da es wegen der steten Knappheit von Brennmaterial zu unwirtschaftlich und wegen der Feuergefahr zu gefährlich war, daß jeder Bauer seinen eigenen Backofen betrieb, wurde das Brotbacken gemeinschaftlich organisiert. …

Montags wurde in Merzhausen nicht gebacken. Das Anbacken am Dienstag erfolgte in festgelegter Reihenfolge von Nachbar zu Nachbar.

Die weitere Reihenfolge wurde dann ausgelost. Jede Frau schnitt sich ein Hölzchen zurecht, alle Hölzchen kamen in eine Schürze und ein Kind als Glücksfee zog dann die Reihenfolge. Dies wiederholte sich am Dienstag, Mittwoch und Donnerstag. Am Freitag wurde für das Kuchenbacken am Samstag extra gelost.

Beim Brotteigkneten wurde ein Rest Sauerteig aufgehoben. Der wurde noch mit Brotmehl verknetet und in einem Säckchen über dem Herd getrocknet. Am Tag vor dem Backen wurde der Heberling in lauwarmes Wasser eingeweicht und später der Sauerteig angesetzt. …

Am anderen Morgen wurde der Teig gemacht, dann die Brotlaibe geformt und in runde Strohkörbe gesetzt. Dann mußten sie noch einmal gehen, ehe sie zum Backhaus gebracht wurden. Im Backhaus war derweil der Ofen angeheizt, bis alle Ofensteine heiß waren. Dann wurden die Kohlen mit einem Kratzer herausgeholt und das Brot mit einem Schiesser eingeschoben.

Nach einer Viertelstunde Backzeit holte man das Brot noch einmal aus dem Ofen und wischte es mit einer feuchten Bürste, damit es eine schöne, knackige Kruste bekam. Nach einer Stunde war es dann gut und es gab wieder für zwei Wochen Brot. …

Nachdem das Mädchen in Grimms Märchen die fertig gebackenen Brote aus dem Ofen geholt hat, gelangt es in das Haus der Frau Holle, wo es die Kissen ausschüttelt, so dass es auf der Erde schneit:

„Was fürchtest du dich, liebes Kind? Bleib bei mir, wenn du alle Arbeit im Haus ordentlich tun willst, so soll dirs gut gehn. Du mußt nur achtgeben, daß du mein Bett gut machst, und es fleißig aufschüttelst, daß die Federn fliegen, dann schneit es in der Welt; ich bin die Frau Holle.“

Weil die Alte ihm so gut zusprach, so faßte sich das Mädchen ein Herz, willigte ein und begab sich in ihren Dienst. Es besorgte auch alles nach ihrer Zufriedenheit und schüttelte ihr Bett immer gewaltig, auf daß die Federn wie Schneeflocken umherflogen. …

In Grimms Märchen wird das fleißige Mädchen für seine Arbeit von Frau Holle mit Gold belohnt. Als es nach Hause kommt, kräht der Hahn auf dem Brunnen:

„Kikeriki,
unsere goldene Jungfrau ist wieder hie.“ ….

Alle Kinder wissen, wie es der faulen Schwester ergeht. Weder will sie das Brot aus dem Ofen ziehen noch den Apfelbaum oder die Kissen schütteln. Sie verweigert den Dienst, aber das Gold hätte sie gerne. Erwartungsvoll steht sie da, doch wird sie zum Abschied von Frau Holle mit Pech übergossen und der Hahn auf dem Brunnen höhnt:

„Kikeriki,
unsere schmutzige Jungfrau ist wieder hie.“ …

Pädagogisch umgeformt erscheint das wilde Wesen der alten germanischen Holda in dem Märchen der Brüder Grimm. Im 19. Jahrhundert hatten die Mädchen fleißig zu sein, hatten von frühmorgens bis spätabends zu backen, spinnen, putzen und den Haushalt zu führen. Der weiblichen Erziehung dient diese Grimm'sche Version des Märchens.

Sigrid Früh, die Märchen sammelt, erforscht und nacherzählt, hat Brauchtum über Frau Holle publiziert in ihrem Band *Rauhnächte:*

Brauchtum und Aberglaube zum Dreikönigstag, Frau Holle Tag

Frau Holle ist aus dem deutschen Volksglauben nicht wegzudenken …

Der Tag der Frau Holle war … ein Festtag, denn hier endeten die gefährlichen Rauhnächte. Um sie zu besänftigen auf ihrem Zug und sie milde zu stimmen, stellte man Speisen auf das Dach des Hauses, denn Frau Holle fährt durch die Luft, oder man deckte ihr einen Tisch. …

Sigrid Früh erzählt zwei Sagen, in denen die heiligen Bäume der Göttin Holda eine Rolle spielen. Die erste Sage heißt *Frau Holles Apfelgarten.* Wie schon in Grimms Märchen sind auch hier die Apfelbäume der Frau Holle geweiht:

Es geschah einmal, daß im Garten der schönen Frau Holle die Apfelbäume nicht mehr gediehen. Nun lebte aber unten auf der Erde eine alte Frau und deren Apfelbäume standen im Frühling in herrlicher Blüte, und wenn der Herbst kam, senkten sich die Äste voll reifer Äpfel.

Da sprach die schöne Frau Holle zu ihrem Liebsten, dem Junker Tod: „Reite hinab zu der Erde und hole mir die Alte herauf. Sie hat nun lange genug auf der Erde gelebt, und es wird Zeit, daß sie zu uns zurückkehrt." …

Gesagt, getan. Der Tod klopft bei der alten Frau an und will sie mitnehmen. Doch die Alte bittet ihn zum Kartenspiel. Wenn sie gewinnt, darf sie bleiben. Gewinnt der Tod, geht sie mit. Doch weiß der Tod nicht, dass die Alte öfter mit Soldaten Karten spielt und alle Kniffe kennt. Sie spielen dreimal und dreimal gewinnt sie gegen den Tod. Als der Tod unverrichteter Dinge zu Frau Holle zurückkehrt, wird diese wütend und schickt ihn in den Zwölf Raunächten wieder zur Erde hinab. In diesen Nächten hat jeder einen Wunsch frei und so wünscht der Tod, dass die alte Frau mit ihm gehen solle. Sie reitet also mit und sieht die schöne Frau Holle:

Die Alte schaute durchs Tor, und da sah sie die schöne Holle und die hatte eine Krone auf aus lauter Sternen, und sie war umgeben von lauter schönen jungen Mädchen. Aber die Apfelbäume, die sahen kläglich aus.

Da fragte der Junker Tod die Alte: „Wie gefällt dir denn der Garten, wie gefällt dir meine Liebste?"

„Ja, sie gefällt mir schon, aber siehst du, sie ist umgeben von lauter jungen Frauen, und schau doch mal an, wie alt und runzlig ich bin."

Da sprach der Tod zu ihr: „Ja, weißt du denn nicht, wenn dich meine Liebste berührt, dann wirst du auch wieder jung und schön."

„Ja", zürnte da die Alte, „weshalb sagst du mir denn das nicht gleich und läßt mich noch drei Mal mit dir Karten spielen."

Und sie sprang hinein durch das Tor, die schöne Holle berührte sie, und da war die Alte wieder jung und schön geworden. Dann aber machte sie sich an die Pflege der Apfelbäume, und seither gedeihen die Apfelbäume im Garten der Holle immer wunderbar.

In der zweiten von Sigrid Früh gesammelten Sage wird erklärt, wie der Holunder zum heiligen Baum der Frau Holle wird: *Holunder tut Wunder.*

Es begab sich aber auch im Verlauf der Zwölf Nächte, daß sich Frau Holle rüstete, wie immer in diesen erregenden Zeiten der Jahreswende, das Menschenland zu durchwandern. So kam sie auch über die verschneite Heide. …

Es stand aber einsam auf der verschneiten Heide ein kahler, stakiger Strauch. Seine Zweige knackten zum Erbarmen im Rauhfrost. …

Der kahle Strauch beklagt sich bei Frau Holle, dass alle Pflanzen und Tiere ihren Nutzen und Sinn hätten, nur er nicht. Da erbarmt sich Frau Holle seiner:

Die Klage rührte die Weise Frau an das Herz, und sie lächelte: „Gut denn, weil du den Menschen so gerne hold bist, so will ich dir selber den Namen geben, Hollerbusch sollst du von Stund an heißen in ihrem Mund. Dazu verleihe ich dir eine edle Kraft, die dich wert macht vor allem Gebüsch."

Und sie schenkte dem Busch die Heilkraft der Rinde und der Blüten und füllte ihm seine tausend Beeren mit Arznei. Bei schlimmen Tagen, als Not und Krankheit die Menschen heimsuchten in ihren Häusern, erkannten sie bald die heilenden Säfte vom Holunderstrauch.

Da holten sie den verschmähten Busch in ihre Gärten, an ihre Höfe und alsbald war kein Backofen mehr in den Dörfern zu finden, in dessen Schutz nicht der Hollerbusch grünte und blühte zur Augenweide mit seinem Segen. Die Kranken wurden gesund vom Trunk seiner Säfte. Und ihre Kinder spielten im Duft der schattigen Blütenteller die liebsten Reigen.

Wer im Taunus wandert, kann sich im Frühjahr die Blüten und Blätter des wild wachsenden Holunders pflücken und trocknen für Holundertee. Die schwarzen glänzenden Beeren hängen im Sommer in Dolden herab. Zerrieben und gepresst eignen sie sich zur Herstellung von Holundersaft und gegoren zum Holunderwein. So breitet Frau Holle immer noch ihren Segen über den Taunus, lange nachdem sie von der Erde verschwunden ist in sagen- und märchenhafte Regionen, wo sie im Gedächtnis der Menschen fortlebt.

7. Kapitel

„Die Burg? Die war da, die Mauer, der Turm“

(Horst Dettborn)

Von Burgen im Taunus

Beliebte Ausflugsziele mit Kindern sind die Burgruinen im Taunus, die die Fantasie beflügeln. Wer hat früher hier gelebt? Wie spielte sich das Leben auf einer Burg ab? Gewiss ging es kriegerisch zu. Turniere, Jagden und Feste gehörten ebenfalls dazu. Horst Dettborn, der zeitweilig in Wernborn lebte, schildert das Jagdleben auf einer mittelalterlichen Burg:

Die Burg

Die Burg? Die war da, die Mauer, der Turm,
die Glocke, die rief, die Kutte, das Schwert
und das Kreuz, das verhieß,
und das Gesinde war da,
das Lehen, der Knecht, und alle sie lebten,
denn der Graben war da,
und die Mauer war hoch.
Und unten der Fluß, dann Wiese und Feld
und immer Wald.
Und dann rief das Horn,
und sie eilten herbei auf Rössern,
in Leder mit Lanzen, das Zaumzeug,
das knirschte und jankte,
und sie hetzten und jagten,
und allen voran war die Meute,
giftig und scharf, sie jaulten und jappten
und stellten das Wild, bis die Lanze es traf.

Und die Hörner, die riefen
und sagten Bescheid, wie alles
verlief und gewesen.
Und der Wald? Der war stumm.
Doch als es vorbei war,
die Hatz und der Schweiß,
da stöhnte der Wald.

Zur Zeit der Kreuzzüge schließen sich Ritter von den Taunusbergen den Kreuzfahrerheeren an, die von Mainz nach Palästina ziehen. Ein Ritter von Schloßborn zieht mit und kämpft um Jerusalem. Auf einem fliegenden Teppich kehrt er zurück. So hält der Vordere Orient Einzug in den Taunus in dem Märchen von Georg Volker Dietrich:

Der fliegende Ritter von Schloßborn

In den uralten Zeiten, in denen unsere Geschichte spielt, hieß das Dorf Schloßborn, das in dem von Wäldern umgebenen malerischen Dettenbachtal liegt, noch Burne. Dort stand eine Ritterburg, die später von den Eppsteiner Grafen zu einem Jagdschloß ausgebaut wurde. Erst damals bekam der Ort den Namen Schloßburne, der dann in Schloßborn umgewandelt wurde.

Aber lange vor dieser Zeit lebte in der Burg ein Ritter mit seiner jungen Frau und zwei kleinen Töchtern. … Da ging durch das ganze christliche Abendland der Ruf zur Rettung des Heiligen Landes, das die Seldschuken erobert hatten. Mit dem Ruf „Gott will es!“ sammelten sich in ganz Europa die Fähnlein und Heere aller Sprachen und Nationen zum ersten Kreuzzug. … Bis in das einsame Tal im Taunus drang der Ruf. …

Nach gründlicher Vorbereitung ritt Gerhart von Burne mit vier Reisigen seiner Mannschaft an einem freundlichen Maitag nach Mainz, wo sich die Heere aus dem deutschen und niederländischen Raum versammelten. …

Der Ritter von Schloßborn besteht viele Kämpfe und muss in Palästina zwei seiner Männer begraben. Er denkt oft an seine Familie auf der Burg im fernen Taunus und will nach Hause zurück. Als Reisemitbringsel für seine Frau sucht er bei einem orientalischen Händler einen schönen Teppich aus. Dann besteigt er ein Schiff, das ihn nach Europa zurückbringen soll. Unterwegs sitzt er in seiner Kajüte und denkt sehnsüchtig:

„Fliegen müßte man können wie die Vögel", und lächelnd rief er: „Flieg, Teppich, flieg!"

Aber welch eine unglaubliche Überraschung! Der Ritter hatte kaum das Wort gesprochen, da erhob sich der Teppich, auf dem er saß, sanft in die Luft und schwebte im Raum. Dem Ritter verschlug es die Sprache. War das möglich? Auch er hatte von fliegenden Teppichen gehört, aber daß es sie wirklich geben sollte, hatte er für unwahrscheinlich gehalten. ...

„Lieber Teppich", rief er erwartungsvoll, „bring mich nach Hause auf meine Burg im Taunus!" Kaum war der Satz gesprochen, da setzte sich der Teppich langsam in Bewegung, schwebte durch das offene Fenster und erhob sich in den dunklen Nachthimmel. Der Ritter mußte sich am Teppichrand festhalten, so blies ihm der Fahrtwind um die Ohren. ...

Der Ritter landet auf seinem fliegenden Teppich im Taunus, genau im Hof der Burg von Schloßborn:

So sehr er sich die Augen rieb, es war Wirklichkeit. Mit seinem Schwertknauf pochte er an die Innenpforte der Burg und weckte die Bewohner. Die Wiedersehensfreude war unbeschreiblich. Gerührt schloß Gerhart Frau und Kinder in die Arme und des Staunens und Fragens war kein Ende. Die Geschichte dieser Heimkehr war so wunderbar, daß niemand sie geglaubt hätte. So blieb sie ein Geheimnis der Familie. Der Teppich wurde zu einem einfachen und nützlichen Stück des Haushalts der Burg, in der das normale Leben wieder Einzug hielt. ...

Die Familie des Ritters Gerhart starb später aus, die Burg wurde in den unruhigen Zeiten erobert und in Brand gesteckt. Mit der Burg und allem, was sie enthielt, verbrannte auch der Teppich. Es war ganz sicher der letzte fliegende Teppich. ... Durch den Brand der Burg ist dieser letzte Zauberteppich für alle Zeiten verloren gegangen.

Wie gut könnte man ihn heute noch brauchen, wenn man schnell nach Jerusalem oder sonstwo hinreisen möchte! Aber diese Zeiten sind leider für immer vorbei!

Über die Eppsteiner, die in diesem Märchen erwähnt werden, schreiben Heike Lattka und Rainer Hein:

Viele Sagen und Geschichten ranken sich um das trutzige Bauwerk, bedeutende Persönlichkeiten wie Alexander von Humboldt, Heinrich von Gagern, Ferdinand Lassalle besuchten die Ruine. Drei Jahrhunderte lang diente die Eppsteiner Feste einer einflussreichen Adelsfamilie als Residenz, die vermutlich einst Ritter Eberhard mit dem Kurznamen „Eppo" aus der fränkischen Hochadelsfamilie der Konradiner gegründet hatte.

Auch wenn die Burg Eppstein wahrscheinlich schon 200 Jahre zuvor erbaut worden ist, wurde das mittelalterliche Bauwerk im Jahre 1122 in einer Urkunde erstmals erwähnt. Beherrschendes Bauwerk der Anlage war der Bergfried, der als letzte Zuflucht im Verteidigungsfall diente. Über dem Fundament erhebt sich ein ehemals 33 Meter hoher Rundturm aus dem 14. Jahrhundert. Seit den Abbrüchen von 1804 und 1872 sind es jedoch nur noch 24,50 Meter.

Der eigentliche Zugang war aus Gründen der Sicherheit nur von zwei hoch gelegenen Einlässen möglich. Zugleich flankierte der schlanke Rundturm das im 14. und 15. Jahrhundert angelegte westliche Tor. Er bildet mit dem Palas, dem im 14. Jahrhundert repräsentativ gestalteten Wohnhaus, den architektonischen Mittelpunkt.

Bis 1803 trotzt die Burg Eppstein weitgehend unzerstört Angriffen und Naturgewalten. Für den Westteil des Anwesens findet der nassauische Staat keine Verwendung mehr. Mit der fadenscheinigen Begründung, dass eine Ruine doch viel romantischer sei, werden Dächer abgedeckt und Gebäude ausgeschlachtet. Und wer weiß, ob die Burg noch immer über Eppstein ragen würde, wenn da nicht jener österreichische Freiherr mit dem langen Namen Franz Maria von Carnea-Steffaneo di Tapogliano zu Kronberg und Eppstein gewesen wäre, der sich irrtümlich für den Nachfahren Eppos hielt, die vom Zerfall bedrohte Burg kaufte und damit deren Abbruch stoppte.

Die Gespensternovelle *Albine* von Alexandre Dumas spielt auf der Burg von Eppstein. Alexandre Dumas ist seit 1833 am Rhein und im Taunus unterwegs um einen Reiseführer zu schreiben. Dabei kommt ihm die Idee seiner Gespensternovelle. Sie erscheint 1844 in zwei Bänden und wird 1847 und 1851 ins Deutsche übertragen mit dem Titel *Albine oder die Erscheinung von Eppstein.* In eine Rahmenhandlung eingebettet wird die Binnenhandlung erzählt von einer Eppsteiner Gräfin, die als Burggespenst im so genannten „Roten Zimmer“ wandelt. In der Rahmenhandlung gibt ein französischer Graf diese Geschichte 1841 auf einer Abendgesellschaft der Prinzessin Galitzine in Florenz zum Besten.

Es sind nun drei Jahre her, daß ich Deutschland bereiste. Ein reicher Negociant in Frankfurt, an den ich mit Empfehlungsschreiben versehen gewesen war, besaß in der Umgegend ein ausgezeichnetes Jagdrevier, und da er wußte, daß ich ein leidenschaftlicher Jäger sei, lud er mich ein. …

Graf Elim fährt mit dem Frankfurter Kaufmann in den Taunus, wo sie auf die übrigen Herren der Jagdgesellschaft treffen. Insgesamt sind es acht Jäger, die zur Jagd aufbrechen. Der Graf verirrt sich bei einem Gewitter und gerät immer tiefer in die Tauruswälder hinein, bis er auf die Burgruine Eppstein stößt. In der Mode der Schauerromantik beschreibt Alexandre Dumas das Gewitter im Gebirge:

Fast ohne Unterbrechung folgte Blitz auf Blitz, so daß der ganze Wald wie in einem Feuermeere stand. Der Donner dröhnte in tausendfachem Echo wieder; als ob er im äußersten Theile des Thales entstände, wand er sich brüllend durch die Krümmungen desselben fort und verlor sich, dumpf grollend, in dem entgegengesetzten Theile. Von Zeit zu Zeit kamen heftige Windstöße, welche die Wipfel der hundertjährigen Eichen und gigantischen Tannen bogen wie der Maiwind das junge Getreide. Der Widerstand war groß, der Kampf heftig und nur, als ob sie stöhnten, beugten sich die Bäume. Dem tobenden Orkan, der den Forst peitschte, gesellten sich noch Blitz und Regen bei. Der Wald antwortete nur durch langes trauriges Klagen, dem eines Unglücklichen ähnlich, der unverdient vom Schicksal gebeugt wird. …

Graf Elim findet Unterschlupf bei dem Haushälterehepaar des Grafen Eberhard von Eppstein. Da dieser sich in Wien aufhält, ist die Burg unbewohnt. Der Franzose hört von den alten Leuten die Geschichte des Burggespensts und will unbedingt eine Nacht in dem Roten Zimmer auf der Burg verbringen, wo die Erscheinung nachts geistert:

In dem Winkel links von der Thür stand ein großes Bett mit einem Himmel, an dem das Wappen der Grafen von Eppstein prangte. Weite Gardinen von rothem Damast waren als Ausschmückung angebracht und hingen in dichten Falten bis zur Erde herab. …

In dieses Bett legt sich Graf Elim und nimmt sicherheitshalber Fido mit, den Hund des alten Haushälterehepaars. Mitten in der Nacht sträuben sich dem Hund die Nackenhaare und der Graf spürt Entsetzen. Denn aus einer verkleideten Seitentür erscheint das Gespenst, eine in Weiß gekleidete, ätherische Dame:

Aus der schwarzen Oeffnung, die dadurch entstanden war, erhob sich nun eine weiße, luftige und durchsichtige Gestalt, die, ohne daß sie den Fußboden zu berühren schien und irgend ein Geräusch verursachte, auf mein Bett zuschwebte. …

Die Gestalt schüttelt mehrmals den Kopf, als sei sie enttäuscht nicht den richtigen Mann in dem Bett liegen zu sehen, und schwebt wieder davon. Am nächsten Morgen sucht Graf Elim die Seitentür, durch die das Gespenst erschien, doch er findet sie nicht. Nach einem üppigen Frühstück weist ihm der alte Haushälter den Weg zurück:

Eine halbe Stunde später war ich außerhalb des Taunusgebirges und wiederum drei Stunden später in Frankfurt. …

Von dem Frankfurter Kaufmann hört er die lange Gespenstergeschichte, die sich über 23 Kapitel der Novelle hinzieht: Der Vater von Graf Eberhard habe einst die junge, schöne Albine von Schwalbach geheiratet. Während seines Dienstes am Hofe des Kaisers in Wien habe Albine einen verwundeten französischen Offizier nach der Belagerung von Mainz aufgenommen und ihn über mehrere Monate auf der Burg von Eppstein gesund gepflegt. Dem eifersüchtigen Ehemann sei dies zu Ohren gekommen. Er sei nach Hause gereist und habe im Jähzorn seine junge Frau erschlagen. Seitdem finde die arme Seele der Gräfin Albine keine Ruhe und zeige sich im Roten Zimmer, ihrem Sterbezimmer, als Burggespenst.

Sagen ranken sich um alle Burgen des Taunus, so auch um die Burg in Kronberg. Um 1220 erbaut, war sie Sitz der Familie von Cronberg, die viel später, im 17. Jahrhundert, in den Reichsgrafenstand erhoben wurde. Die Burg ist weitgehend erhalten und bietet noch heute einen Einblick in die Lebensweise und Wohnkultur des mittelalterlichen Ritterstandes. Kriegerisch und kampfeslustig waren die Kronberger Ritter, wie eine Sage erzählt:

Zur Pflichtlektüre im Sachkundeunterricht gehört für Schulkinder im Hochtaunuskreis die Episode über die „Schlacht von Kronberg", schreiben Heike Lattka und Rainer Hein.

1389 standen sich Frankfurter und Kronberger als unerbittliche Gegner mit Hauben, Harnisch, Beingewand, Streitäxten und Hellebarden gegenüber. Die selbstbewusste Handelsstadt rückte mit Zünften und berittenen Patriziern gegen die Kronberger Raubritter vor, die das blühende Gemeinwesen durch Beutezüge erschüttert hatten. Ein 1 500 bis 2 000 Mann starker Heereszug überraschte die Ritter, die zunächst der zahlenmäßigen Übermacht auswichen und sich in ihrer Burg verschanzten.

Die Frankfurter überließen sich siegestrunken dem Brandschatzen, schälten die berühmten Kronberger Kastanienbäume oder brannten sie nieder. Nur zwei Tage später erschienen jedoch Pfalzgraf Ruprecht und eine Reiterschar von 200 schwergerüsteten Gleven auf dem Schlachtfeld, die die ungeübten Kämpfer aus Frankfurt schnell zurückdrängten. Geschlagen flohen die Freien Städter in Unordnung ihrer Vaterstadt zu und hätten die wehrlose Stadt sicher an die „Cronberger" verloren, wenn nicht die Nacht hereingebrochen wäre. So aber war das Resultat der Fehde gegen Kronberg für die Reichsstädter nur ein finanzielles Desaster: 73 000 Gulden wurden insgesamt für die Auslösung der Gefangenen verlangt – bis zum Jahre 1394 zahlten die Frankfurter Stände diese Kriegsschuld ab.

Nah beieinander liegen die Burgruinen von Königstein und Falkenstein. Beide wurden wie die benachbarte Burg von Kronberg im 13. Jahrhundert erbaut. Königstein sei eine Stauferburg gewesen, als „castrum Kunigestein“ zum ersten Mal 1215 urkundlich erwähnt, schreibt Hans-Heinrich Welchert. Einige Jahrhunderte später lebt eine Literatin auf der Burg von Königstein, wenn auch nicht freiwillig. Als Gefangene wird Karoline Schlegel 1793 in den Wirren der Französichen Revolution hier eingesperrt:

Karoline Schlegel galt den Zeitgenossen als ungewöhnlich begabte Frau, ein „Meisterstück der Geister, ein seltenes Weib von männlicher Seelengröße, mit der Weichheit des liebevollsten Herzens“, wie Schlegel sie ungeachtet ihrer Scheidung nach dem Tode rühmte.

Auf einer Reise nach Mainz wird sie gefangen genommen und auf der Feste Königstein inhaftiert:

Das Übergreifen der Revolution, die Besetzung von Mainz durch die französischen und die Belagerung durch die preußischen Truppen –, als sie im März 1793 allem ausweichen und zu den Freunden Gotter in Gotha reisen wollte, wurde sie von den Belagerern aufgegriffen und auf den Königstein gebracht. „Ich habe da Tage gelebt, wo die Schrecken und Angst und Beschwerden eines einzigen hinreichen würden, ein lebhaftes Gemüth zur Raserey zu bringen." Sie hat Briefe von dort geschrieben, in denen sie die Freunde bat, sich um ihre Befreiung zu bemühen.

Königstein, 29. April 1793:

„Wie die Verhältniße in der Nähe oft so ganz anders sind, als sie in der Ferne scheinen. Verzeihen Sie das schlechte Papier – in der Gefangenschaft giebt's nichts beßres."

Königstein, 12. Mai 1793:

„Ich höre hier im Schloßgarten den Donner des Geschützes, und nur ein etwas naher Berg entzieht mir den vollen Anblick des Schauplatzes selbst. ... Unser Loos wurde in so fern leichter, daß der Genuß der freyen Luft in diesem verwüsteten Stück Garten uns zu jeder Zeit zu Gebot stand und der Commandant menschlich gesinnt war – aber es kommt ein anderer."

Ein „schrecklicher Aufenthalt" war es ihr; „in einem Zimmer mit sieben anderen Menschen, ohne einen Augenblick von Ruhe und Stille – und dann ein Herz der tiefsten Indignation gegen die gepriesene Gerechtigkeit." ...

Ihre Gesundheit fühlt sie sehr geschwächt, sie fürchtet, Königstein könnte ihr Grab werden. „Ich bin wahrhaftig nur eine gute Frau, und keine Heldin." ...

Karolines Bruder richtet ein Bittgesuch an König Friedrich Wilhelm II. von Preußen, worauf seine Schwester freigelassen wird. Noch im selben Jahr wird die Burg Königstein von General Custine erobert und drei Jahre später, im Jahr 1796, von den Franzosen bei ihrem Abzug gesprengt. Über die Burgruine Königstein und ihre berühmteste Gefängnisinsassin schreibt Thomas F. Klein:

Königstein darf immerhin eine der größten Festungsruinen Deutschlands sein eigen nennen. Alles, was das burgenbegeisterte Herz begehrt, ist trotz der Kämpfe und Sprengungen zu Ende des

18. Jahrhunderts noch vorhanden. Mauern, die wie aus dem Fels gewachsen scheinen, mächtige Geschützbastionen mit nur noch sehr selten zu sehenden Treppenschießscharten, Gewölbe, Keller, Höfe und, als herausragende Attraktion, frei zugängliche Kasematten.

Wer durch die stockdunklen Gänge tastet, wird sich eines leichten Schauders kaum erwehren können. Arme Caroline Schelling-Schlegel! Ihr, dem prominentesten Opfer, das je im Mainzischen „Stadtgefängnis" auf der Burg einzusitzen hatte, wird man beim Gang durch Kasematten und Mauerwerk nachfühlen können, wie schrecklich es gewesen sein muß, hier arretiert zu sein. Die wenigen Wochen Haft im Frühjahr 1793 für ihr „Vergehen" als Sympathisantin der Mainzer Jakobiner genügten, die neben Bettina von Arnim wohl bedeutendste „Romantikerin" zur „Raserey" zu bringen.

Damals wie heute ist der Höhepunkt einer jeden „Landpartie" nach Königstein der grandiose Blick vom Bergfried der Festungsruine. Von der herausgehobenen Warte lassen sich die verschiedenen Bauperioden vom staufischen Kern bis zu den vorgelagerten Geschützbastionen aus dem 17. Jahrhundert am besten einsehen. …

1838 berichtet Alexandre Dumas über die geschichtlichen Ereignisse aus französischer Sicht. Er mokiert sich über die Preußen, die die von den Franzosen eingenommene Feste zurückerobern wollen und sie im Übereifer nachts beschießen. Weil sie nichts sehen können, zünden die Franzosen Fackeln an um ihnen „heimzuleuchten". Ein schlechter französischer Scherz, den die Preußen übel nehmen. Beleidigt seien sie abgezogen, schreibt Alexandre Dumas. Die glorreichen Franzosen hingegen hätten Königstein bis 1796 halten können. Dann hätten sie die Feste gesprengt.

Heute starren Trümmer und leere Fensterhöhlen von der Burgruine Königstein herab. Gras ist gewachsen über die Wirren der Geschichte, Gras gewachsen auch über das Gemäuer, in dem einst Karoline Schlegel als Gefangene saß.

Ein Gedicht von Dagmar Chidolue könnte auf die Burgruine Königstein gemünzt sein wie auf jede andere Burgruine des Taunus:

Gras und Beton

Mit den Kindern bin ich auf eine
Burg gestiegen.
Gibt Löwenzahn da und Hahnenklee.
Sträuße pflücken die Kinder
und reißen am Wegerich.
Auf Ruinensteinen zucken kleine Echsen.
Unten und hinten und weit die Stadt
und neuer Beton.

Hier ist alles kaputt,
sage ich.
Wo? fragen die Kinder,
hier gibt es Gras und Wiesen.

Nicht weit entfernt von der Burg Königstein liegt die Burgruine Falkenstein. Heike Lattka und Rainer Hein schreiben:

Nur eine halbe Stunde Fußweg von der Königsteiner Burgruine entfernt thront auf dem mehr als 500 Meter hohen Ausläufer des Altkönigs Burg Falkenstein. Die noch vorhandenen Ruinen mit dem mächtigen Bergfried gehen auf das 13. Jahrhundert zurück. Bauherr waren die Herren von Bolanden-Falkenstein. Als Reichsministerialen trat das Geschlecht nach dem Tode des letzten Münzenbergers in Falkenstein das Erbe der Burg Nürings an, die jedoch vermutlich schon im 13. Jahrhundert zerfallen war. …

Hans-Heinrich Welchert zitiert in *Hessische Burgen und Schlösser* Wanderer, die zu Beginn des 19. Jahrhunderts die malerische Ruine als wild-romantische Idylle beschreiben:

Jetzt liegt der Falkenstein öd und wüst. Keine Spur von Leben rührt sich im Burgraum, es müßte denn ein scheuer Vogel seyn, der aus dem Gebüsch auffliegt, oder eine Eidechse, die durchs Gras schlüpft. Stille umgiebt den einsamen Wanderer, der diese Trümmer besucht, das Leben und Treiben der Menschen, tief aus dem Thale, schlägt nicht an sein lauschendes Ohr, nur leise hallt von den Wiesen, die am Fuße des Felsens abhängig sich ausbreiten, die Schalmei der Hirten, das Geläute der Herden, oder das Glockengetön aus benachbarten Dörfern. …

Die wahrscheinlich im 12. Jahrhundert angelegte Burg Reifenberg im heutigen Ortsteil Oberreifenberg ist im 13. Jahrhundert urkundlich belegt. Im 14. Jahrhundert erfolgt ein Ausbau, 1646 wird sie zerstört. 1681 überfällt der Mainzer Erzbischof Reifenberg und lässt die Burg schleifen.

Als Raubritter hat sich das Geschlecht der Reifenberger einen Namen gemacht. Sie sind eigenmächtig und wehren sich gegen Vereinnahmung durch Mainz. Doch geht dieser Streit schlecht aus für die Reifenberger. Eine Sage weiß davon, nacherzählt von Klaus Wagner in *Geliebtes Usinger Land*:

Kühn und stolz war Herr Philipp von Reifenberg, entsprossen aus eisenhartem Geschlechte. Als ihm der Kurfürst von Mainz entbot: „Nimm deine Burg zu Lehen vom Mainzer Stuhl“, gab er gar trutzig Bescheid: „Erst soll der Feldberg reife Trauben bringen, bevor ich Mainzer Dienstmann bin.“

Der Kurfürst drohte mit Acht und Bann. Der Ritter aber sprach wohlgemut: „Scharf ist mein Schwert und fest meine Burg. Ich biete Pfaffen und Fürsten Trutz.“ …

Doch der Kurfürst ließ im Lande verkünden: „Der Ritter von Reifenberg stehet in Acht und Bann. Rechtlos und friedlos sei er fortan. Der Treue entbunden ist jeder, der einst ihm Treue gelobt. Bei Strafe der Acht ist jeder gehalten, ihm Atzung zu weigern und Obdach.“

Mit reisigem Volk umschloß er die Burg und ließ sie berennen. Aber fest waren Tore und Türme, und wacker schirmte der Ritter Mauern und Wälle. In Treue standen die Mannen zum Burgherrn.

Der Kurfürst ergrimmte und ersann die schnödeste List. Sein Bote ritt vor das Tor der Burg und rief mit hallender Stimme: „Der Kurfürst entbietet Herrn Philipp hinauf zum Feldberg zur schiedlichen Aussprache und sichert ihm freies Geleit.“

Auf fürstliches Wort vertrauend, ritt Philipp zur Höhe, sein Knappe nur folgte ihm. Der Mainzer hielt droben mit großem Gefolge von Rittern und Knechten. Er winkte, und Philipp war schnell umzingelt. Der Kurfürst rief höhnend: „Heute sind meine Trauben gereift. Ergreift ihn und nehmt ihm sein Schwert!"

Zornbebend ob dieses Verrats sprach Philipp: „Hält so ein Fürst sein Wort? Ist Trug auch Brauch in deutschen Landen?" Doch finster versetzte der Kurfürst: „Dem, der geächtet ist, halt ich kein Wort!" Die Übermacht drang auf den Ritter ein. Der rief: „Frei war ich, und frei will ich bleiben!" und stieß sich sein Schwert in die Brust.

Weiter nördlich liegt zwischen Niederreifenberg und Schmitten die kleine Burgruine Hattstein auf einem vorspringenden Felsen. Auch die Herren von Hattstein sind im Mittelalter als Raubritter gefürchtet, die den Kaufleuten auf der Handelsstraße von Frankfurt am Main nach Köln auflauern. Wegen ständiger Raubzüge und Überfälle wird über dieses Rittergeschlecht die Reichsacht verhängt und die Burg zerstört.

Die Sage vom Glockenweiher bei Schmitten erzählt von den Schandtaten der Hattsteiner und ihren Folgen, wiedergegeben durch Georg Wagner in *Geliebtes Usinger Land*:

... Die Tochter des Burgherrn, deren Schönheit man weithin rühmte, ahnte nichts von den Schandtaten ihres Vaters, der sein einziges Kind abgöttisch liebte. Als sie wenige Tage nach dessen letztem Raubzug von der Burgkapelle zurückkehrte, wo sie täglich mehrere Stunden im Gebet verweilte, trat sie zu ihrem Vater und bat ihn, er möge ihr doch eine Glocke kaufen, die sie in dem Turm der Kapelle aufhängen lassen wollte; sie müsse aber des Wohlklangs wegen aus reinem Silber sein.

Der Burgherr wußte um die große Schwierigkeit, diesen Wunsch zu erfüllen, dennoch wollte er nichts unversucht lassen, sich die Liebe seiner Tochter, die schon früh ihre Mutter verloren hatte, zu erhalten. Am Morgen des folgenden Tages erteilte er seinen Knechten den folgenschweren Auftrag nach einer schönen silbernen Glokke zu suchen. Dieser Auftrag führte die Hattsteiner nach endloser Fahrt schließlich nach Köln. Bei Einbruch der Nacht drangen sie in eine alte Kirche der Domstadt ein und raubten dort eine silberne Glocke, die der heiligen Gottesmutter geweiht war.

Der Befehl ihres Burgherrn war ausgeführt, die Glocke erreichte nach langen Tagen mühseliger und beschwerlicher Fahrt Burg Hattstein, wo sie, wie vorgesehen, im Turm der Kapelle aufgehängt wurde.

Die Tochter des Hattsteiners aber, deren Wunsch damit erfüllt war, hatte von dem Frevel dieses Kirchenraubes nichts erfahren, sie glaubte, daß der Vater sie rechtmäßig erworben habe. Hell und mahnend zugleich ertönte oft die Glocke, wenn der Burgherr, der einem guten Tropfen nicht abgeneigt war, beim vollen Humpen saß. Dann plagte diesen das Gewissen, denn er wußte um die Schande des begangenen Kirchenfrevels.

Solche Erkenntnis legte ihm die Worte in den Mund: „Die Glocke bringt uns kein Glück, oh könnte ich sie bringen nach Köln am Rhein an ihren Ort zurück.“ Ob dieser maßlosen Verzweiflung kam ihm der Tod wie eine Erlösung.

Andere Zeiten gingen ins Land, aber immer rief die Glocke mit hellem Ton zum Gebet. –

Da stand wieder ein Hattsteiner auf, trotzte der Stadt Frankfurt und beging allerhand Frevel. Endlich hielt der Kurfürst von Mainz die Zeit für gekommen, der Ruhe und Ordnung willen dem Treiben der Hattsteiner für alle Zeiten Einhalt zu gebieten.

Mit einer erlesenen Schar Ritter rückte er an die Feste Hattstein und legte sie nach kurzer Belagerung in Trümmer. Der obere Teil des Turmes wurde gänzlich zerstört, und die zarte, silberne Glocke rollte hinunter zum Tal in den Weiher, der fortan nur noch der ‘Glockenweiher’ genannt wurde. …

Man erzählt sich noch heute, daß der einsame Wanderer, sollte er in einer Vollmondnacht in die Nähe dieses Weihers kommen, das feine Singen und Klingen der Glocke vernehmen kann. Ein Sonntagskind muß die Glocke finden, um das frohe Treiben auf Burg Hattstein mit all seiner Pracht und Herrlichkeit zu neuem Leben zu erwecken.

Im Weiltal steht Schloss Neuweilnau, das von Graf Gerhard von Diez 1302 bis 1303 errichtet wurde. Im 16. Jahrhundert wurde die Anlage zum Schloss ausgebaut, bis 1658 war es gräflich-nassauischer Wohnsitz.

Auch dieses Schloss ist sagenumwoben. Die Sage von der *Rache des Keilers* erzählt Theo Geisel:

Vor vielen hundert Jahren, als noch Grafen und Ritter die Landesherren waren, lebte auf dem Schlosse zu Neuweilnau ein gar schlimmer Graf. Auf seine Untertanen nahm er keine Rücksicht, und besonders war er von einer wilden Jagdleidenschaft besessen. Wenn er mit seinem Gefolge auf die Jagd ritt, ging es querfeldein, und kein Kornacker und kein Erbsenfeld war vor ihm sicher. Mancher Bauer verwünschte ihn und fluchte seiner, wenn er so vor seiner verwüsteten Feldflur stand und die Verluste bedachte, die der Graf verschuldet hatte und für die dem Bauer keiner etwas gab. So sehr sie ihm auch nach dem Leben trachteten, so wenig konnten sie doch gegen den mächtigen Grafen etwas ausrichten.

Da geschah eines Tages etwas ganz Unerwartetes. Nächtlicherweile trat eine unheimliche Gestalt vor das Bett des Grafen, der sich bis dahin unruhig auf seiner Lagerstatt hin- und hergewälzt hatte, ohne Schlaf zu finden. Da fuhr der Graf erschrocken empor. Eilig wollte er nach seinem Schwerte greifen, aber der Schrecken hatte ihn so gelähmt, daß er dazu auf keine Weise in der Lage war. Jetzt erhob die Gestalt ihre warnende Stimme und sprach langsam und drohend die Worte:

„Ein Keiler, schwarz und weiß,
Rächet deines Landmanns Schweiß!"

Darauf verschwand die Erscheinung. Der Graf erwachte nach unruhigem Schlafe am anderen Morgen und war voll besorgter Erregung. Dann aber stieg wieder die Jagdleidenschaft in ihm empor, und zugleich überkam ihn ein wilder Trotz gegen die Stimme der Nacht vorher. So ließ er denn zur Jagd blasen, versammelte Schützen und Treiber um sich und herrschte sie an mit den Worten: „Ihr dürft nicht eher zurückkommen, bis ihr einen Keiler, schwarz und weiß, erlegt habt!"

Die Jagd ritt fort in den Wald und der Graf wartete gespannt den ganzen Tag auf seine Jäger. Endlich kamen sie zu später Abendstunde zurück, und zur großen Freude des Grafen hatten sie den Keiler, schwarz und weiß gefleckt, erlegt. Vier Mann trugen ihn an dicken Stangen, denn er war ein gewaltig schweres Hauptschwein, wie der Graf erklärte. Ein Paar riesige Hauer ragten aus dem Gebrech und, befriedigt über seinen Erfolg, ließ der Graf ein Fest veranstalten, durch das er zeigen wollte, wie mächtig er war.

Der Keiler wurde am Ende des Saales aufgehängt mit dem Kopf nach unten. Dann stellte sich der Graf unter den schwarzweißen Keiler und rief: „Seht, nun kann mir dieser Keiler keinen Schaden mehr antun!" Damit verspottete und höhnte er die Gestalt, die ihm des Nachts im Traum erschienen war. Aber im gleichen Augenblick, da sich der Graf voll Übermut herumwandte, löste sich der Keiler von der Wand und stürzte mit seinem gewaltigen Gewicht auf den Grafen, die Hauer rissen dem Ruchlosen im Fallen noch Gesicht und Arme auf, er fiel zu Boden, und nach wenigen Tagen starb der Frevler an den Folgen, die ihm Schrecken und Sturz und Wunden gebracht hatten.

Die Erinnerung an Jagden ist auch heute noch lebendig in diesem sagenumwobenen Schloss. Seit Beginn des 19. Jahrhunderts dient es der Försterei. Ab 1816 war es Sitz der herzoglich-nassauischen Oberförsterei, seit 1948 ist es Sitz des Hessischen Forstamtes. Zur Besichtigung steht das Gebäude nicht offen. Aber die schöne Renaissance-Fassade ist von außen gut zu sehen und lohnt eine Fahrt hinauf zum Schloss von Neuweilnau.

8. Kapitel

„Fuß-, Bein- und Daumenschrauben"

(Roswitha Schlecker)

Von Hexenverfolgung im Taunus

Vernehmungsprotokolle von Hexenprozessen sind schwer verdauliche Dokumente. … Wer diese Protokolle studiert, wird von ihnen berührt und ergriffen. Wer dies über längere Zeit tut, wird von ihnen umgetrieben, schreibt Angelika Baeumerth in ihrem Vorwort zu Dagmar Scherfs Buch *Homburger Hexenjagd oder Wann ist morgen?*

Solche qualvollen Protokolle haben Archivarinnen und Autorinnen im Wiesbadener Staatsarchiv studiert und ein Kapitel vergessener Frauengeschichte im Taunus aus dem 17. Jahrhundert ans Tageslicht geholt. Die frühere Friedrichsdorfer Stadtarchivarin Johanna Koppenhöfer hat in der Schrift *Suleburc Chronik* Prozessakten veröffentlicht.

Die erste aktenkundige Hinrichtung in Homburg wird am 9. September 1603 vollstreckt. Das Opfer ist Else Pfraum, die Frau des Köpperner Bäckers Hen Pfraum. Ihr folgen etliche weitere in den Fall verwickelte Frauen. Johanna Koppenhöfer berichtet:

Acta und Verhandlungen zu den Köpperner justifizierten Weibspersonen, geschehen im Jahre 1603

Elß, Hen Pfraumen, des Bäckers Frau:

… Nachforschungen von Pfarrer, Schultheiß und Schöffen ergaben, daß Elß vor ungefähr 13 Jahren nach Köppern gekommen sei und sie wäre vor vier Jahren in den Zaubereiverdacht geraten. …

Am 23. Juli 1603 übersandten die Räte der Darmstädter Kanzlei den Fragenkatalog, den Elß bei der Verhandlung beantworten sollte.

Fragen, auf die Elsen, Hen Pfraumen Bäckers zu Köpfern Eheweib ernstlich in der Güt und folgends mit Bedrohung und Beistellung des Scharfrichters befragt werden soll. …

1. *Ob sie nicht gelernt habe oder wisse, was Zauberei sei.*
   Ja, sie habe gehört, daß es Zauberei gebe.
2. *Was Zauberei sei und wie es zugehe.*
   Nein, sie wisse nicht, wie es zugehe.
3. *Ob sie Leut kenne, die zaubern können, wer sie seien und woher sie es wisse.*
   Nein, sie wisse nichts. …

Dieses unbefriedigende Verhörprotokoll wurde an die Darmstädter Kanzlei übersandt und von dort kam am 13. August 1603 die Anordnung, die Folter anzuwenden, um ein Geständnis zu erreichen. …

Dann wird wohl die Folter eingesetzt, denn beim folgenden Verhör gesteht sie, was die Richter hören wollen. …

Als Hexentanzplatz nannte Elß das Beinhards und den Sellwischer Wald. …

Der lebendige Teufel hätte sie auf den Tanz geführt, die Crämers Margareth zu Oberrosbach, die vor 8 Jahren verbrannt worden, hätte sie kurz zuvor das Zaubern gelehrt. …

Am 9. September 1603 wurde sie zum Tode verurteilt.

Urteil
über Elßen, Hen Pfraumen Bäckers zu Köpfern Hausfrauen,
durch das Gericht zu Homburg vor der Höhe
Freitags den 9. September anno 1603
ausgesprochen worden.

… Die Bäckerin Elß wurde verbrannt, jedoch im letzten Moment beim Anzünden des Scheiterhaufens heimlich vom Henker erwürgt. …

Diese erste Hinrichtung auf dem Platzenberg in der Nähe von Oberstedten bildet den schaurigen Auftakt. Es folgt eine Welle von weiteren Denunziationen, Verhaftungen, Verhören, Folterungen, Enthauptungen, Verbrennungen.

In der Verfolgung von Hexen und Zauberern waren die katholische Kirche und katholische Fürsten ebenso eifrig wie die protestantische Kirche und protestantische Landesherrinnen und Landesherren. Vor allem Spitzen der kirchlichen Hierarchie, für die die Herrschaftssicherung in Welt und Kirche Vorrang hatte, förderten Hexenwahn, Angst und haltlose Denunziationen und duldeten keine Regung von Mitleid und Solidarität. Wer einmal in den Kreislauf der Verfolgung geriet, hatte kaum eine Chance, dem Scheiterhaufen zu entgehen, schreibt Barbara Bromberger in ihrer Studie über *Hexen und Madonnen.*

In Seulberg sind es der berüchtigte Pfarrer Zahn und der Schulmeister Nicolei Orth, die Menschen mit Hilfe von Kindern ausspionieren lassen und sie denunzieren. Dagmar Scherf hat ebenfalls Fakten zusammengetragen und in literarischen sowie Sachtexten verarbeitet. Eines der Frauenschicksale, das sie besonders berührt, ist das der Seulberger Becker Anna. Sie hat es in *Die Hexenmacher*, einem Hörspiel in 14 Szenen, dargestellt.

In dem Kapitel über Verfolgung und Vernichtung heißt es bei Barbara Bromberger weiter:

Wurde eine Frau oder ein Mann verdächtigt, Hexe oder Hexer zu sein, so folgte darauf die Verhaftung, in den meisten Fällen das Festsetzen in ein Gefängnis oder in einen Hexenturm. In den Türmen wurden die Opfer im Innern durch das sogenannte 'Angstloch' in die Tiefe abgeseilt. Dort blieben sie auf unbestimmte Zeit im feuchten und dunklen Verlies, wenig Wasser und Brot wurde ebenfalls durch das Loch nach unten gelassen. …

Solch ein Hexenturm steht in Bad Homburg an der Ritter-von-Marx-Brücke am Eingang zur Altstadt.

Lapidar vermerkt die im Inneren des Bogendurchgangs angebrachte Plakette:

Hexenturm
Teil der Stadtbefestigung
des 14. Jahrhunderts
Neu erbaut 1905

Nur erahnen lässt sich beim Lesen dieser Worte, was sich im Inneren des Turms abgespielt haben mag. Die Namen der hier gefangen gehaltenen Opfer anzubringen bleibt künftigen Generationen vorbehalten.

In Königstein, Kriftel und Hofheim fallen ebenfalls Menschen der Hexenjagd zum Opfer. Franz Luschberger schreibt in *Hexenprozesse zwischen Main und Taunus*:

Im Jahre 1595 erfolgte die Hinrichtung von Ludwigs Mergen Frau aus Königstein wegen Zauberei. …

Die Opfer aus den Jahren 1595 bis 1597 kamen vorwiegend aus den Orten Wicker, Weilbach und Marxheim, die … zum kurfürstlichen Oberamt Königstein gehörten. Die Prozesse gegen Einwohner dieser Ortschaften fanden vor dem Halsgericht in Königstein statt. Zwanzig Hinrichtungen sind belegt, weitere wegen Hexerei Angeklagte wurden des Landes verwiesen. …

Am 5. August 1600 wurde Anna Melchior aus Mammolshain wegen Zauberei und Hexerei in Königstein verhaftet. ...

Am 13. Oktober 1600 wurde Anna Melchior verbrannt. ...

Am 13. Dezember des Jahres 1600 erfolgte in Hofheim das Verhör der verhafteten Bippen Merg aus Kriftel. ...

Darauf trat der Scharfrichter in Aktion, Bippen wurde 'schwebend aufgezogen', worauf sie zu reden begann. ...

Ausführlich schilderte sie ihre und anderer Hexen Erlebnisse. Sie seien in den Marxheimer Wald gefahren, andere seien auf einem Bock durch die Luft in der Nacht zum Tanz gekommen. ...

In den Kaufhausstuben, wo das Verhör stattfand, sollte die Tortur jetzt fortgesetzt werden, um weitere Einzelheiten aus Bippen herauszupressen. Als sie auf ihr inständiges Bitten von der Folter verschont blieb, redete sie weiter, nannte andere Beteiligte an den Hexenversammlungen und an den Tänzen bei Hausen im Hofheimer Wald bei den Wacholderhecken. ...

Bippen Merg aus Kriftel wird am 9. Januar 1601 verbrannt. Die von ihr mitbeschuldigte Eva Bender aus Kriftel erleidet ein ähnliches Schicksal:

Eva Bender aus Kriftel, die von Bippen Merk denunziert worden war und ohnehin keinen guten Ruf hatte, wurde am 16. Juni 1601 verhaftet. ...

Am 30. Juli 1601 legte Eva Bender ein Geständnis ab. Sie sagte, ihr Buhl hieß Lautter weingen, weil er ihr viel Kummer bereitet habe und sie oft weinen mußte. Am 8. August 1601 wurde Eva Bender hingerichtet. ...

Immer wieder tauchen in den Prozessakten die Namen von Tanzplätzen auf, markanten Treffpunkten im Wald oder auf Feldern, die abseits liegen und nicht einzusehen sind. Per Besenflug treffen die Hexen angeblich zu ihren Tänzen an den verabredeten Ritualplätzen ein. Wieviel davon der Wahrheit entspricht, wieviel unter Folter herausgepresst ist, lässt sich heute nur schwer nachvollziehen. Franz Luschberger schreibt:

Die Teilnehmer von Hexenveranstaltungen verließen diese auf gleichem Weg und auf die gleiche Weise, wie sie gekommen waren.

Aus den Geständnissen von Angeklagten ist hierzu immer wieder zu hören, daß sie zum Hexentanz, zu den hexischen Versammlungen durch die Lüfte gefahren seien, und zwar auf einem Besen.

Die Ausnützung zauberischer Fahrmöglichkeiten war zur Überwindung der nachts geschlossenen Ortsumwehrungen erforderlich und garantierte das Nichtgesehenwerden. Vor dem Hintergrund dieser 'Logik' erschien der Hexenflug auch dem Hexenprozeßgericht als ein gegen die Angeklagten zu verwertendes Tatbestandsmerkmal, obwohl zahlreiche Rechtsgelehrte und Verteidiger den Hexenflug als Blendwerk und Unfug charakterisierten. …

Auch Hofheim hat seinen 'Hexenturm'. Dieser Name ist im Volksmund üblich. Die offizielle Bezeichnung lautet im Jahre 1810: 'Gefängnis'. Der Turm am Kellereigebäude dient in den Jahren von 1588 bis 1602 als ein Verlies für Frauen, die der Hexerei angeklagt sind. Die Kreisarchivarin Roswitha Schlecker zitiert in *Hexenprozesse im Oberamt Höchst und Hofheim* aus einer Akte des Hessischen Hauptstaatsarchivs in Wiesbaden:

„Die Gefängnisse betreffend so existiret dahier nur ein einziges und dieses ist ein dumpfes, finsteres … Loch, wohin durch die in der Gefängnisthür angebrachte kleine Öffnung etwas Licht fällt. Im Winter kann man kaum eine oder höchstens zwei Stunden einen Menschen darin eingesperrt lassen – dasselbe (das Gefängnis) ist auf herschaftl. Kosten angelegt." (HStAW 106/1476).

Über die grauenvollen Foltermethoden, die sich hinter dem scheinbar harmlosen Sammelbegriff 'Peinliches Verhör' verbergen, schreibt die Kreisarchivarin:

Vor dem 'Peinlichen Verhör' hatte der Scharfrichter der Gefangenen die Folterinstrumente zu zeigen und zu erklären. Dieses wie auch die Turmhaft und die Konfrontation sollten den Widerstand brechen. Weitere Einschüchterungen erreichte man mit Entkleidung und Rasur der Gefangenen. Erstmals wird dies 1601 in Hofheim erwähnt, da man Anna Glitzen hieß sich selbst das Haar abzuscheren. …

Fuß-, Bein- und Daumenschrauben sowie die Elevation (Aufziehung) der Angeklagten an den auf den Rücken gebundenen Händen mittels eines Seils gehörten zu den Foltermethoden. … Eine

Verschärfung der Elevation war das Anhängen von Steingewichten und das 'Schnellen', bei dem die Verhörte ruckartig fallengelassen und kurz vor dem Boden wieder hochgezogen wurde. Weitere Alternativen waren 'Hungerkur', das Versengen von Achseln und Scham sowie die Streckbank. …

Der *Chirurgische Befund der Todesursache einer 1682 in der Tortur abgeschiedenen Hexe zu Wehrheim* berichtet ebenfalls von grausamen Foltermethoden. Der Frau wird eine 1682 in Wehrheim ausgebrochene Feuersbrunst angelastet. Sie wird inhaftiert, heftig gefoltert und beim 'Schwebenden Aufziehen' umgebracht:

Actum Werheimb den 12. Oktober 1682.

In praesentia der Herrn Kommissare und der beiderseitigen herrschaftlichen Ambtsverwalther ist der Inquisitin das von der Juristen-Fakultät zu Gießen aufgesetzte Urthel vorgehalten und dieselbige, in Güte ihren Abfall zubekennen und eröffnen, gebührent eingeredet worden. Alß sie aber auf ihrem Negiren bestanden, hat der lictor zuforderst die Daumenschrauben appliciret, und also selbige ebenermaßen nichts verfangen, die Beinschrauben gebraucht. …

Bei der Tortur des 'Schwebenden Aufziehens' bricht ihr Genick:

… hat man gesehen, daß der Inquisitin Kopf auf einmahl geknükket, darauf sie auch die Farb verlohren, und hat man nachgehends … befunden, daß ihr der Halß, welcher sonsten vom lictore nicht berührt gewesen, gantz entzwey gewesen, so daß ihn auch der Henker in praesentia vieler ehrlicher Leuthe gleich einer Witten (= Weide) herumbdrehen und man auch das Knorbeln hören können. …

Die Frau als Spielzeug der Folterknechte: Knacks, der Kopf bricht ab. Er wird herumgedreht auf dem Hals wie bei einer Puppe. Die ist nun ganz „entzwey". Wie schade, das Spielzeug ist zerbrochen. Der Spaß ist den Männern verdorben, er hat nicht einmal eine halbe Stunde gedauert. Die Folter endet viel früher als geplant. Weil die Frau so plötzlich stirbt, hat natürlich der Teufel seine Hand im Spiel gehabt. Denn Kommissare und Liktor sind es nicht, die dieses Leben auslöschen. Sie haben die Frau nicht sehr stark gefoltert, wie der Gerichtsschreiber trocken kommentiert:

Sonsten dienet zur Nachrichtung, daß Inquisitin nicht gar eine halbe stund in tortura gewesen, sie auch zur Ungebühr nicht wäre tractirt worden; ist also der Augenschein, daß der böse Geist selbiger den Halß entzwey gebrochen, worauß erscheinet, daß Inquisita ... ihren Lohn bekommen.

Actum Werheimb den 12. Oktober 1682 a meridie. ...

Unterschrieben ist dieser chirurgische Befund von den Kommissaren Johann Schwalb und Johann Andreas Ziesler, von dem nassauischen Amtsverwalter Johann Ludwig Euler, von dem kurtrierischen Amtsverwalter Hans West und von dem Gerichtsschreiber Johann Martin Köller. Jeder Kommentar ist da wohl überflüssig.

Mit diesen Worten endet der Beitrag aus Wehrheim, erschienen im *Alt-Nassauischen Kalender für 1905.*

Ein weiterer Hexenturm steht in Idstein als Teil der Schlossanlage. Eine große Tafel, von Bürgerinnen und Bürgern 1996 gespendet, zählt alle Opfer der Hexenverfolgung namentlich auf.

In Idstein wüteten die Hexenverfolgungen 1676 unter dem protestantischen Grafen Johannes, am Ende dieser grausamen Epoche in Deutschland. Auch das Idsteiner Land war in den Jahren 1635 bis 1646 durch Kriegsfolgen und Hunger verarmt, 1666 wurde dann ein großer Teil der Bevölkerung durch die Pest dahingerafft, heißt es bei Barbara Bromberger. So wie in Seulberg der Pfarrer und der Lehrer, denunziert in Idstein der Henker Menschen. Barbara Bromberger berichtet:

Der Idsteiner Henker, Leonhard Busch, bereicherte sich an seinen Opfern. In seinem Haus in Taunusstein-Neuhof wurden nach seinem Tod Gefäße gefüllt mit Münzen gefunden. Leonhard Busch betätigte sich aber auch als Verleumder.

Er verklagte die Menschen als Hexen, die er als Konkurrenz bei seiner Arbeit als Heiler bei Menschen und Tieren fürchtete.

Er verdiente gut bei dieser Arbeit und galt als wohlhabender Mann. Gelang ihm aber eine Heilung nicht, so bezichtigte er besonders heilkundige Frauen, sie hätten als Hexe Menschen und Vieh verzaubert. ...

Der Henker als Heiler oder der Heiler als Henker, ein grausiger Doppelberuf. Noch ausführlicher gehen auf das Schicksal dieses Mannes vier Idsteiner Autorinnen ein. In ihrem Buch *Den Hexen auf der Spur* schreiben Gilla Flothmann, Hilke Müller, Ilse Schollmeyer und Maria Stoltefaut:

Im heute noch erhaltenen Henkershaus in Neuhof, wo er gelebt hat, wurden wiederholt 'Schätze' gefunden, der letzte bei einem Umbau im Jahre 1979: ein Topf mit Münzen aus der Zeit der Hexenprozesse. Meister Leonhard muß ein vorsichtiger und sparsamer Mann gewesen sein und hatte wohl Ursache dazu. Sein Vater war im 30jährigen Krieg von plündernden Soldaten zu Tode gefoltert worden, als sie von ihm das Versteck seines Vermögens erfahren wollten. Meister Leonhard entging einem solchen Schicksal. Wir wissen, daß er 90jährig in Limburg starb. ...

Eine der Autorinnen, Hilke Müller, schildert ihre Recherchen nach Menschenschicksalen in staubigen Akten:

Ich bin ihren Spuren gefolgt, so lange, bis aus trockenen Protokollen, Berichten, Briefen und Kirchenbuchaufzeichnungen lebendige Menschen wurden, mit denen ich umgehen konnte, wie mit meinen Freunden oder Bekannten. Und auch sie gingen mit mir um wie mit ihresgleichen, beklagten sich, rechtfertigten sich, beschuldigten, beschimpften, stritten und wehklagten, bis ich schließlich nicht mehr umhin konnte und aufschrieb, was ich zu hören bekam. Ein bißchen Hexenzauber muß schon dabeigewesen sein, wenn sie nachts hinter mir standen und mir in die Maschine diktierten. Aber warum sollten nicht auch einmal Hexen zu Wort kommen?

Ich lese
fremde Zeichen wie braun-blasse Gitter
auf gelb-zerfranstem Papier
ich sehe
graue Nebel aus lebendigem Staub
in dem vergessenen Zimmer
ich spreche
den Bannspruch

da fügt sich's zusammen
richtet sich auf
streckt mir die Hand
und schwankend folgt mir der Schatten
durch verbotene Türen
vorbei an den schlafenden Wächtern der Zeit
ins Licht

Ich schreibe
auf meiner elektrischen Schreibmaschine
schwarze Lettern auf DIN A4-Bögen
Es sieht
mir über die Schulter
auf die zuckenden Finger
Phantom
hinter mir spüre ich
deinen atmenden Körper
ich wende mich um
greife nach dir
da zerreißt der Bann
da zerrinnt der Schatten
in meinen Händen
bleibt der Geruch
von Aktenstaub
aus dem Staatsarchiv.

Die Figur der Hexe lebt im Volksglauben weiter, noch lange bis in das 19. Jahrhundert hinein, überliefert in Sagen und Märchen der Brüder Grimm: alte Frauen, die alleine in den hessischen Wäldern leben und die alte schamanische Kunst der Gestaltwandlung beherrschen. In dem Märchen *Jorinde und Joringel* verwandelt die Hexe sich selbst und das Mädchen Jorinde in eine Tiergestalt:

Es war einmal ein altes Schloß mitten in einem großen dicken Wald, darinnen wohnte eine alte Frau ganz allein, das war eine Erzzauberin. Am Tage machte sie sich zur Katze oder zur Nachteule, des Abends aber wurde sie wieder ordentlich wie ein Mensch gestaltet. …

Wenn jemand auf hundert Schritte dem Schloß nahe kam, so mußte er stillestehen und konnte sich nicht von der Stelle bewegen, bis sie ihn lossprach; wenn aber eine keusche Jungfrau in diesen Kreis kam, so verwandelte sie dieselbe in einen Vogel und sperrte sie dann in einen Korb ein und trug den Korb in eine Kammer des Schlosses. Sie hatte wohl siebentausend solcher Körbe mit so raren Vögeln im Schlosse. ...

Als Jorinde und Joringel dem Schloß der Alten zu nahe kommen, wird Jorinde in eine Nachtigall verwandelt. Mitten im Lied brechen die menschlichen Worte ab und die Melodie der Nachtigall beginnt:

Mein Vöglein mit dem Ringlein rot
singt Leide, Leide, Leide:
es singt dem Täubelein seinen Tod
singt Leide, Lei – zicküth, zicküth, zicküth.

Joringel sah nach Jorinde. Jorinde war in eine Nachtigall verwandelt, die sang zicküth, zicküth. Eine Nachteule mit glühenden Augen flog dreimal um sie herum und schrie dreimal schu, hu, hu, hu. ...

Der Rest des Märchens erzählt, wie beide sich aus dem Bann der Hexe befreien und Jorinde wieder ihre menschliche Gestalt gewinnt. In den Grimm'schen Märchen zeigt sich die Hexe als Erbin oder Überlebende eines archaischen Kosmos, in welchem Schamaninnen sich in Tiere und Pflanzen verwandeln konnten. Von der Heilerin zur Menschenfresserin verkommen, so zeigt sich die Figur der Hexe in *Hänsel und Gretel* bei den Brüdern Grimm:

Sie war aber eine böse Hexe, die den Kindern auflauerte, und hatte das Brothäuslein bloß gebaut, um sie herbeizulocken. Wenn eins in ihre Gewalt kam, so machte sie es tot, kochte es und aß es, und das war ihr ein Festtag. Die Hexen haben rote Augen und können nicht weit sehen, aber sie haben eine feine Witterung, wie die Tiere, und merkens wenn Menschen herankommen. ...

Die Hexe – eher Tier als Mensch. Erinnerungen an die historischen Hexenverbrennungen klingen an, wenn Gretel die Hexe in den Backofen stößt:

Da gab ihr Gretel einen Stoß, daß sie weit hineinfuhr, machte die eiserne Tür zu und schob den Riegel vor. Hu! da fing sie an zu heulen, ganz grauselich; aber Gretel lief fort, und die gottlose Hexe mußte elendiglich verbrennen. ...

Von einer jungen Taunushexe in modernen Zeiten erzählt Regina Berlinghof aus Kelkheim in *Kundry.* Karla ist die Nachfahrin einer literarisch berühmten Hexe, sie stammt nämlich von Kundry aus der Parzivalssage ab: Cundrie la Surzière – la sorcière, die Hexe. Nicht in Tiere, sondern in Morgenröcke verwandelt die schöne Karla alle ihre Liebhaber und weiß selbst nicht wie:

Nachdem sie ihre Liebe genossen hatte, verwandelten sich ihre Liebhaber in Morgenröcke. Karlas Kollektion von Morgenröcken war berühmt. Einmal im Jahr, wenn sie eine Führung veranstaltete, durfte die staunende Öffentlichkeit einen Blick darauf werfen. Jedes Stück ein kostbares Unikat – man bewunderte sie und betrauerte die Männer, die Körper, Geist und Seele gelassen hatten, um von ihr in einen Morgenrock verwandelt zu werden. Aber es fehlte nicht an Nachschub. ...

Karla begibt sich in psychotherapeutische Behandlung bei Frau Dr. Dr. Rund-Müde, die die Kollektion der Morgenröcke besichtigt und ihrem Mann davon erzählt:

„Stell dir vor", erzählte Frau Dr. Dr. Rund-Müde abends ihrem Mann, der ebenfalls Psychologe war, so daß es sich um ein berufliches Fachgespräch handelte und nicht um den Bruch der ärztlichen Schweigepflicht, „sie hat einen ganzen Schrank voll – nur mit Morgenröcken! ... Es gibt Mäntel aus Seide und Brokat (wahrscheinlich aus den altmodischen Liebhabern). Sie hat einen japanischen Kimono, einen afrikanischen Federmantel und einen Morgenmantel aus Schlangenleder – das war ein verzogenes Millionärssöhnchen! Ein Mantel war aus wunderbarem schottischen Tuch mit herrlichen Karos, dann unzählige bunte Fetzen – eben heutige Durchschnittsware, dann ein Rock aus bayerischem Loden! ...

Ich begreife nicht, was die Männer so verrückt macht, daß sie sehenden Auges in ihr Unglück rennen! Sie muß eine ganz starke Projektion auslösen. – Die Anima der Männer! Was meinst du?"

„Ist sie denn so schön?“, fragte ihr Mann versonnen und strich sich sacht über die graumelierten Schläfen. …

Zwei Tage später hat auch er sich in einen Morgenrock verwandelt, einen aus stonewashed Jeans-Stoff. Er wird von Karla als Päckchen an Frau Dr. Dr. Rund-Müde expediert, die über den Verlust des untreuen Ehemanns bittere Tränen weint und Karlas Psychotherapie abbricht. Auch drei Priester, die der armen Karla helfen wollen, werden in Morgenröcke verwandelt:

Eine Dreierdelegation erprobter Exorzisten fand sich bei Karla ein, gefeit gegen ihre bösen Geister durch Homosexualität, Impotenz und Altersschwäche. Karla empfing sie freundlich und ging willig auf alles ein, was sie von ihr verlangten. Nach zwei Wochen hingen drei schwarzrot gewürfelte Morgenröcke gesellig bei den anderen. Da ließ auch die Kirche von ihr ab. …

Schließlich löst ein junger meditierender Amerikaner, der auf der Suche nach dem Gral nach Europa gereist ist, den Bann. Alle Morgenröcke verwandeln sich in Männer zurück:

Ein krachend berstendes Geräusch kam Percys Antwort zuvor. Dann ein Stöhnen und Ächzen von Männerstimmen. Der Schrank geriet ins Schwanken. Der letzte Morgenrock, den Karla draußen hängen gelassen hatte, begann schwingend zu tanzen. Er löste sich von seinem Bügel – und ihr letzter Liebhaber, nackt wie Gott ihn schuf, stand vor den beiden. Der Schrank schlingerte und rumste krachend gegen die Wand. „Oh Gott“, stöhnte Karla, „sie kommen wieder – du hast sie erlöst, Percy!“ …

Am Schluss der Erzählung ist das Schicksal einiger der ehemaligen Morgenröcke zu erfahren: einer heiratet ein junges Mädchen, einer eröffnet eine Disco für junge Mädchen, einer eine psychologische Praxis, während Karla – ihrer Hexenkünste verlustig – immer noch auf den idealen Mann wartet.

Wer glaubt, die Hexen seien ausgestorben im Taunus, der irrt sich gewaltig. Manche Hexen wandern noch heute durch den Wald und über die Wiesen auf der Suche nach Blättern, Blüten und Beeren für Salben und Tees. In den kleinen Dörfern und Weilern des Taunus ist so manches alte, windschiefe Hexenhäuschen zu sehen, wenn auch die Bewohnerinnen als moderne Hexen von heute meist mit dem Handy statt mit dem Besen hantieren. Auch fliegen sie selten durch den Schornstein, sondern wählen als Transportmittel das Fahrrad oder Auto, wenn sie zu den Vollmondfesten reisen an den alten Kultstätten im Taunus.

9. Kapitel

„Rings um das Schloß aber begann eine Dornenhecke zu wachsen“

(Brüder Grimm)

Von Märchenschlössern und Dichterresidenzen

Die Märchen der Brüder Grimm sind im hessischen Raum angesiedelt. Für Märchenfestspiele könnte das Weilburger Barockschloss mit seinem schönen Renaissance-Innenhof gut als Kulisse dienen. Dornröschen könnte hier seinen hundertjährigen Schlaf halten:

Es geschah, daß an dem Tage, wo es gerade fünfzehn Jahr alt ward, der König und die Königin nicht zu Haus waren, und das Mädchen ganz allein im Schloß zurückblieb. Da ging es aller Orten herum, besah Stuben und Kammern, wie es Lust hatte, und kam endlich auch an einen alten Turm. Es stieg die Wendeltreppe hinauf. …

Als Dornröschen die Spindel in der Turmstube berührt und sich sticht, fällt es in einen tiefen Schlaf und der ganze Hofstaat schläft mit:

Da schliefen auch die Pferde im Stall, die Hunde im Hofe, die Tauben auf dem Dache, die Fliegen an der Wand. …

Jeden Sommer finden in dem Innenhof des Weilburger Schlosses Konzerte statt. Während der musikalischen Darbietungen auf der Freilichtbühne pfeifen die Tauben dazwischen, als wären sie gerade aus ihrem hundertjährigen Märchenschlaf erwacht. Ausführlich beschreibt Hans-Heinrich Welchert das Weilburger Schloss mit seiner Hofanlage:

Der quadratische Freiraum ist noch mit dem ursprünglichen Steinpflaster des achtzehnten Jahrhunderts belegt, Westerwälder Basalt und Kiesel der Lahn, dunkel getönt das eine, hell und farbig das andere, im Wechsel felderartig verlegt, so daß von ihm Wärme wie von einem Teppich ausgeht. Rundum der Vierflügelbau: das Renaissanceschloß, mit dem der Graf Philipp um die Mitte des sechzehnten Jahrhunderts die mittelalterliche Burg ersetzte, und der barocke Ausbau um die Wende zum achtzehnten Jahrhundert. Die Härte der Mauern ist gemildert durch Erker, Giebel, Portale und Türme. Vor den nördlichen Flügel ist eine zweigeschossige Galerie gesetzt, mit Arkaden zwischen weißen Säulen. …

Ein weiteres schönes Barockschloss steht in Bad Homburg. Schon von weitem sichtbar: der Weiße Turm, Wahrzeichen der Stadt und ältester Teil des Schlosses, Überrest der mittelalterlichen Burganlage.

In Gerta Walshs Buch *Bad Homburg kurios* heißt es über den Weißen Turm:

Das älteste noch erhaltene Bauwerk Bad Homburgs, der Weiße Turm von 1360, stammt aus der Zeit, da an der Stelle des heutigen

Schlosses eine Ritterburg stand. Dieser 48 Meter hohe einstige Bergfried aus Bruchsteinen mit seinem Zinnenkranz besteht aus drei Meter dicken Mauern und enthält im kupfervergoldeten Knauf der Wetterfahne seit 1634 das private Archiv der hier ehemals lebenden Landgrafen, das bei jeder späteren Dachreparatur durch ein Schriftstück erweitert wurde. Ursprünglich nur „der Turm" genannt, änderte sich sein Name seit dem ersten weißen Anstrich um 1750 zum heutigen „Weißen Turm", und er ist das Wahrzeichen der Stadt. 174 Stufen führen hinauf in die Turmstube, von der aus einstmals der Türmer nach Feinden Ausschau hielt. …

Landgraf Friedrich II., Held in Heinrich von Kleists Schauspiel *Prinz Friedrich von Homburg*, ließ von 1680 bis 1686 die mittelalterliche Burg teilweise abtragen und an ihrer Stelle das Schloss errichten. In der Folgezeit wurde es mehrfach umgebaut und erweitert, auch die Park- und Gartenanlagen erhielten im Lauf der Jahrhunderte immer wieder ein neues Gesicht.

Johann Wolfgang von Goethe besuchte mehrmals Homburg. Über *Goethe und Homburg* findet sich ein ausführlicher Beitrag des Historikers Klaus-Dieter Metz in den *Vorträgen zur Bad Homburger Stadtgeschichte:*

Den ersten Blick auf Homburg warf sicher schon der kleine Johann Wolfgang aus den rückwärtigen Fenstern seines Elternhauses am Großen Hirschgraben, zumal sein Arbeitszimmer von klein auf im dritten, oberen Stockwerk eingerichtet war, keine Hausfassade damals den Blick in Richtung Höhe versperrte und der Weiße Turm, weil ohne Hochhaus-Konkurrenz, sich profilierter als heute von der Taunuslandschaft abhob. …

Goethes Besuch 1772 in Homburg ging in die Literatur ein, denn er schrieb über seine kurze Romanze mit der Hofdame Louise Henriette Friederike von Ziegler (1747–1814), genannt Lila, ein Gedicht, in dem auch der Weiße Turm Erwähnung findet. Von Wetzlar aus schickte er es Lila zu.

Lila, die aus Darmstadt stammte und dort dem Kreis der Empfindsamen angehört hatte, wird als ein hübsches, überspanntes

Mädchen geschildert. Als im September 1768 Prinzessin Caroline von Hessen-Darmstadt den Landgrafen Friedrich V. Ludwig von Hessen-Homburg heiratete, kam Lila als neue Hofdame der jungen Landgräfin mit nach Homburg. Im Schloss bewohnte sie eine Mansarde im Archivflügel.

Sie nahm die Romanze wohl ernster als Goethe, der sie schnell wieder vergaß. Leicht entflammte seine *„allgegenwärtge Liebe"* und kühlte bald wieder ab. Doch war ihm die Liebelei immerhin Anlass – einmal mehr – sich heldenhaft zu geben, indem er *„dem Wetter die Stirn"* und *„Gefahren die Brust"* bot. Er ahnte, dass sein Herz das allerstandhafteste nicht war, sondern eher *„früh welkend"*.

Später, als Goethe seine Lila schon längst vergessen hatte, heiratete Louise von Ziegler einen korpulenten preußischen Offizier, Herrn von Stockhausen, mit dem sie in norddeutschen Garnisonen lebte. 1814 starb die seit 1804 verwitwete Louise von Stockhausen während eines Besuches in Homburg. Im selben Jahr erschien Goethes dritter Teil von *Dichtung und Wahrheit*, doch Lila wird darin nicht erwähnt. Auf dem evangelischen Friedhof Am Untertor liegt sie begraben.

Pilgers Morgenlied
An Lila

Morgennebel, Lila,
Hüllen deinen Turm um.
Soll ich ihn zum
Letzten Mal nicht sehn!
Doch mir schweben
Tausend Bilder
Seliger Erinnerung
Heilig warm ums Herz.
Wie er so stand,
Zeuge meiner Wonne,
Als zum ersten Mal
Du dem Fremdling
Ängstlich liebevoll

Begegnetest
Und mit einem Mal
Ew'ge Flammen
In die Seel' ihm warfst! –
Zische, Nord,
Tausend-schlangenzüngig
Mir ums Haupt!
Beugen sollst du's nicht!
Beugen magst du
Kind'scher Zweige Haupt,
Von der Sonne
Muttergegenwart geschieden.

Allgegenwärt'ge Liebe,
Durchglühest mich!
Beutst dem Wetter die Stirn,
Gefahren die Brust!
Hast mir gegossen
Ins früh welkende Herz
Doppeltes Leben,
Freude, zu leben,
Und Mut!

An Goethes Besuche im Homburger Schloss erinnert heute noch im Schlosspark das schöne Plätzchen „Goethes Ruh". Klaus-Dieter Metz schreibt dazu:

Konzentrisch angelegte Wege führen zu einem gleichfalls runden, etwas vertieft liegenden Rasenbeet. Von Buchs eingefaßte Schmuckbeete sind mit hochstämmigen Fuchsien bepflanzt. Das Ganze umschließen ein ringförmiger Weg sowie eine gemauerte Einfassung, und eine Bank lädt zum stillen Aufenthalt ein. … Bepflanzung und Anlage sind der Zeit, als Goethe wiederholt Schloß Homburg besuchte, nachempfunden, und das Plätzchen liegt ja auch genau da, wo Gäste des Landgrafenhofes sich aufzuhalten pflegten. … Der kleine runde Gartenplatz verweist zudem auf des Dichters Interesse an der Gartengestaltung und -pflege. …

Etwa fünfundzwanzig Jahre später kam Friedrich Hölderlin nach Bad Homburg, unter ganz anderen Umständen als Johann Wolfgang von Goethe und mit einem anders gearteten dichterischen Temperament. 1798 siedelte Hölderlin zum ersten Mal nach Homburg über, als er seine Hauslehrerstelle bei den Kindern des Frankfurter Bankiers Gontard verlassen musste. Von 1798 bis 1800 vollendete Hölderlin in Homburg den *Hyperion* und arbeitete an seinem Drama *Der Tod des Empedokles.* Wöchentlich wanderte Hölderlin nach Frankfurt um heimlich die Bankiersgattin Susette Gontard zu treffen, seine große Liebe, Vorbild für die Diotima im Roman *Hyperion*. Nebenbei schrieb er in Homburg etwa dreißig Gedichte.

Nach Zwischenstationen in Stuttgart und Bordeaux lebte Hölderin von 1804 bis 1806 auf Einladung seines Freundes Isaac von Sinclair ein zweites Mal in Homburg, wo er die Stellung eines Hofbibliothekars bekleidete. Doch ging nicht alles gut für Hölderlin in Homburg. Zunehmend wurden seine Nerven angespannter, am 11. September 1806 wurde er zwangsweise abtransportiert nach Tübingen und in das dortige Clinicum eingeliefert.

Sein Wohnhaus in der heutigen Dorotheenstraße 34, niedergerissen und wiederaufgebaut, beherbergt Germanistinnen und Germanisten aus aller Welt, die sich der Hölderlinforschung widmen. Ihre Hölderlin-Vorträge gibt die Stadt Bad Homburg in Zusammenarbeit mit der Hölderlin-Gesellschaft in Sammelbänden heraus. Anregend ist Hölderlin noch heute für Dichterinnen und Dichter, die sich jährlich zu Hölderlins Todestag am 7. Juni im Bad Homburger Kurhaus ein Stelldichein geben zur Preisverleihung des Friedrich-Hölderlin-Preises.

Einen fiktiven Brief Hölderlins an die Homburger Bürgerschaft hat hem schüppel aus Friedrichsdorf geschrieben:

absender: hölderlin

erschrick nicht, bürger,
wenn du nachher vor diesem hause
einem schatten begegnest
und vielleicht die uhr aufhört

zu schlagen, wenn seine schritte
nicht hallen auf dieser straße
des einstigen nachbarn
auf seinem weg nach haus,
bei dem nachhall seiner worte:
„ich kann kein volk mir denken,
das zerrissener wäre als das deutsche …
handwerker siehst du, aber keine menschen;
denker, aber keine menschen. ein jeder
treibt das seine, nur muß er es mit ganzer
seele treiben, mit ernst, mit liebe
muß er das sein, was er ist …"
ein schatten schrieb es einst,
nicht heute – fünf häuser weiter,
als er ertrinkend keinen strohhalm
fand, als er götter rief
mit seinen versen, mit seinen briefen
an sie: diotima.
absender: hölderlin, homburg, dorotheenstraße. …

1809 bis 1811, nur wenige Jahre nach dem zwangsweisen Abtransport des unglückseligen Hölderlin aus Homburg, entstand Heinrich von Kleists vaterländisches Schauspiel *Prinz Friedrich von Homburg*. Er widmete es einer aus Homburg stammenden Prinzessin, „Ihrer Königlichen Hoheit, der Prinzessin Amalie Marie Anne, Gemahlin des Prinzen von Preußen, Bruder Seiner Majestät des Königs, geborne Prinzessin von Hessen-Homburg". So lautet die Widmung Kleists für Prinzessin Marianne (1785–1846), deren Portrait als Kopie im Bad Homburger Schloss hängt. Marianne freilich lässt das Schauspiel in ihrer Schublade verschwinden statt den Verfasser zu fördern. Ihr missfällt, dass Prinz Friedrich von Homburg durch Kleist als zaudernder, somnambuler Träumer dargestellt wird, der von Mädchen und Blumen träumt. In der vorletzten Szene des Schauspiels heißt es:

Der Prinz von Homburg:
Ach, wie die Nachtviole lieblich duftet!
– Spürst du es nicht?
Stranz: Es sind Levkojn und Nelken.
Der Prinz von Homburg:
Levkojen? – Wie kommen die hierher?
Stranz: Ich weiß es nicht.
Es scheint, ein Mädchen hat sie hier gepflanzt. …

Kleist stellte hier eher seine eigene träumerische Weichheit dar als die des historischen Prinzen von Homburg, der als Kriegsheld auf dem Schlachtfeld bei Kopenhagen im Januar 1659 sein rechtes Bein verlor und als ein Haudegen bekannt war. Kleist verändert nicht nur den historischen Charakter, sondern auch historische Ereignisse. In seinem Drama darf der Prinz nicht ohne Ordre in die Schlacht bei Fehrbellin von 1675 eingreifen. Weil er die Befehlsausgabe verträumt hat, greift er unerlaubt in die Schlacht ein und siegt. Trotzdem lässt ihn der Große Kurfürst zum Tode verurteilen, begnadigt ihn jedoch zum Schluss.

Ernst genommen wurde Kleist weder von seiner Familie noch von seinen Zeitgenossen. Ernst genommen wird er auch nicht in der Parodie von Robert Gernhardt. Oder doch? Denn parodiert wird meist nur das Altehrwürdige, das bereits in den Kanon der Weltliteratur Eingang gefunden hat:

Monolog des Prinzen von Hamburg, dem der Kurfürst soeben mitgeteilt hat, er dürfe nicht mehr, wie er wolle

Die Bühne zeigt ein Feldlager. Der Prinz steht wie betäubt in der Mitte, der Chor der Krieger liegt wie gehabt im Hintergrund.

Prinz: Wie?
Dürft' ich nicht mehr, wie ich wollte?
Ich wollt' – und dürft' es nicht?
Dürft's nicht, obwohl –
Ihr Götter!
ich es wollte?
Ich dürfte nicht mehr? Wie ich wollte?

Ich wollt' – ein Beispiel nur,
eins unter vielen:
Ich wollte beispielsweise dürfen –
und dürft' es nicht?
Dürft' – Himmel! – dürfte nicht mehr dürfen?
Wo doch der Hamster darf? Der Bilch?
Der Wombat?
Jedwede Kreatur?
Ja, selbst die Haselmaus? Sie darf!
Darf, wenn der Sinn ihr danach steht, zu wollen,
sich rücklings von der Hügel höchstem rollen,
darf wachen, lesen, lange Briefe schreiben
und hin und her durch die Alleen
unruhig huschen, wenn die Blätter treiben –
sie darf. Und ich dürft' nicht?
Dürft' nicht – und wollte ich's gleich wollen,
mich von der Hügel höchstem –
dürft' mich nicht?
Dürft' auch nicht von der Hügel kleinstem?
Nicht mal mit den Augen?
Ich dürfte nicht mehr rollen?
Ich?
Ach, einstmals rollte ich so ungestüm,
so ausgelassen durch des Schlosses Hof,
der Mutter nicht, des Schloßkaplans nicht achtend
und ihrer Warnung: Treib es nicht zu roll!
Ich trieb es roll und immer roller
und rollte – doch was ted' ich?
Hat schon des Kurfürsts Machtwort
meinen Sinn verfenstert?
Bin ich schon nicht mehr in der Liege,
das, was die Brust mir sprengt,
in Worten auszusägen?
Kann ich schon nicht mehr,
wie ich woll?
Doch stoll!

Sei stoll, mein Mond!
O schweige fortan, Zange!
Noch locht der Kurfürst –
doch er locht nicht lange!
Und ball dich, Faust!
Doch ball dich in der Tache!
Zeig dich dem Fürsten erst
am Tag der Riche!
Chor der Krieger: Kalt!
Prinz: Ruche!
Chor der Krieger: Wärmer!
Prinz: Roche!
Chor der Krieger: Heiß!
Prinz: Rache!
Chor der Krieger: Jawohl!!!

Sie werfen ihre Käppis in die Luft und tragen den Prinzen im Triumph von der Biene.

Wenn das Prinzessin Marianne wüsste, sie würde sich im Grabe umdrehen. Wie gut, dass sie diese verrückten Ideen nicht mehr zur Kenntnis nehmen kann.

Die Prinzessin Wilhelm von Preußen – für heutiges feministisches Empfinden eine seltsame Namensgebung – ist in den Jahren 1809 bis 1811 mit anderen Dingen beschäftigt als Kleists Schauspiel zu fördern. Sie lebt als Hofdame der Königin Louise das Berliner Hofleben mit Ausflügen, Bällen, Theater- und Opernbesuchen. Zahlreiche Briefe gehen zwischen Berlin und Homburg hin und her. Zu ihrem Bruder, Prinz Ludwig von Hessen-Homburg, hat Marianne ein inniges Verhältnis. Sie korrespondieren häufig. Nach französischer Mode nennt sie ihn Louis oder Louason:

Berlin, den 28. December 1809

… So unaussprechlich leid es mir auch war, Dir mein Vielgeliebter, in dieser ersten Zeit nicht gleich ein Lebenszeichen zu geben, so unmöglich war es mir doch – Du kannst es mir glauben. Denn gewiß habe ich nicht gerne so lange gewartet, um Dir herzlichen

Dank zu sagen für Deine drey liebevollen Briefe, die mich so glücklich machten. Dies allein konnte mir bis jetzt Freude gewähren. Es ist mir schwer geworden, mich wieder hier zu finden, und manches kommt mir noch recht hart vor. Es ist alles so öd, so ausgestorben in diesen Zimmern, die mir ehedem so theuer waren und so belebt erschienen. …

Gestern war es sechs Jahre, daß ich von Homburg ging, wie die Zeit vergeht! Die Beschreibung Deines Heimritts hat mich viel Thränen gekostet. Ach! ich hatte Dich wohl fort reiten sehen und sah Dir oft nach, aber Du drehtest Dich nicht mehr um. Lebe recht zufrieden und glücklich, dann will ichs auch seyn. …

Addio und gute Nacht, mein lieber guter Bruder Louis.

Gedenke oft in Liebe

Deiner Marianne.

Für Jugendliche hat Irene Ruttmann einen Roman über die Zeit des Prinzen von Homburg geschrieben, *Der Goldmacher.* Kinder des 20. Jahrhunderts proben für eine Aufführung mit Szenen aus der Zeit des Prinzen von Homburg. Dabei verirren sie sich in einem Laubengang des Schlossparks und geraten unvermutet in das 17. Jahrhundert, wo sie mit den Kindern des Landgrafen allerlei Abenteuer erleben. Unter anderem bringen sie einen betrügerischen Alchemisten zur Strecke, besagten Goldmacher.

Viele historische Details sind in diesen spannenden Jugendroman verwoben, zum Beispiel die Ankunft hugenottischer Flüchtlinge, die vom Landgrafen Privilegienbriefe erhalten und sich in der Nachbarschaft von Homburg ansiedeln. Die französisch sprechenden Hugenottenfamilien gründen die „Colonie Française“ Friedrichsdorf.

Französisch, Englisch und Russisch – noch heute sind viele Sprachen zu hören in den mit Thermalquellen gesegneten Badeorten des Taunus, die von Gästen aus ganz Europa besucht werden. Illustre Schriftstellerinnen und Schriftsteller haben im Laufe der Jahrhunderte als Badegäste ihre literarischen Spuren hinterlassen.

10. Kapitel

„Aus dem heilsamen Bade erfrischt und verjüngt“

(Johann Wolfgang von Goethe)

Die Kurbäder des Taunus in der Weltliteratur

Goethe entschließt sich 1814 nach Wiesbaden zur Kur zu reisen. 1815 kommt er ein zweites Mal und hält sich insgesamt etwa vier Monate in Wiesbaden auf, dessen heiße Quellen ihm Erfrischung und Verjüngung bedeuten. Während der Kur in Wiesbaden schreibt er an seinem Gedichtzyklus, dem *Westöstlichen Divan*. Ein Gedicht, *Selige Sehnsucht*, datiert vom 31. 7.1814, entsteht am ersten Abend seines Aufenthaltes:

Selige Sehnsucht

Sagt es niemand, nur den Weisen,
Weil die Menge gleich verhöhnet,
Das Lebend'ge will ich preisen,
Das nach Flammentod sich sehnet.

In der Liebesnächte Kühlung,
Die dich zeugte, wo du zeugtest,
Überfällt dich fremde Fühlung,
Wenn die stille Kerze leuchtet.

Nicht mehr bleibest du umfangen
In der Finsternis Beschattung,
Und dich reißet neu Verlangen
Auf zu höherer Begattung.

Keine Ferne macht dich schwierig,
Kommst geflogen und gebannt,

Und zuletzt, des Lichts begierig,
Bist du, Schmetterling verbrannt.

Und so lang du das nicht hast,
Dieses: Stirb und werde!
Bist du nur ein trüber Gast
Auf der dunklen Erde.

Keineswegs trüb gestalten sich Goethes Wiesbadener Kuraufenthalte. Der Dichter ist kein Kind von Traurigkeit, in vollen Zügen genießt er das Leben. Bereits nach zwei Wochen fühlt er sich so gut erholt, dass er seiner lieben Frau Christiane, die in Weimar zurückgeblieben ist, am 13. August 1814 schreibt:

Zuförderst also wirst du abermals gerühmt, mein liebes Kind, daß du mich in diese Gegend zu gehen bewogen. Erde, Himmel und Menschen sind anders, alles hat seinen heiteren Charakter und wird mir täglich wohltätiger.

Die Verhältnisse eines Badegastes sind mir nun auch schon deutlicher, ich habe ein sauberes, kühles Quartier bezogen, speise auf dem Zimmer und lebe ganz nach meiner Weise. …

Das Schwalbacher Wasser, zusammen mit dem hiesigen Bade bekommt mir sehr wohl und so geht ein Tag nach dem andern hin, vergnüglich, heilsam und nützlich.

Wiesbaden liegt in einem weiten Tal, das vorwärts, nach Süden, von Hügeln, nordwärts von Bergen begrenzt wird. Besteigt man die letzteren: so hat man eine unendliche und höchst schöne Aussicht. …

Auch bei seinem zweiten Aufenthalt in Wiesbaden gefällt es Goethe sehr gut. Er genießt das Essen, trinkt Wein und schreibt am 31. Mai 1815 vergnügt an die Gattin:

Nun bin ich so ziemlich eingerichtet, ich wohne allerliebst, aber teuer, esse gut und wohlfeil, Wein habe ich von Frankfurt verschrieben und werde mich also in diesen Hauptpunkten bald und wohl versorgt finden. Morgens, nach köstlichem Schwalbacher Wasser, bade ich in dem heilsamen Wiesbaden, das alles bekommt mir recht gut und ich kann dabei tätig sein.

Des Tages gehe ich zweimal spazieren, die Gegend erscheint herrlicher, je mehr man sie sieht und schätzt.

Es ist das heiterste Wetter, freilich zum Schaden des Land- und Gartenbaues, sie haben in zehn Wochen keinen anhaltenden Regen gehabt. Indessen genießt man schon hier Schotenerbsen, auch ausgelieferte; was aber besonders erfreulich ist, wird doch immer der Salmen bleiben, dessen Portion mit trefflicher Gelée man, zu jeder Stunde, für 30 Kreuzer im Kursaal haben kann. Es ist jetzt grade seine rechte Zeit, ich muß mich nur in acht nehmen, daß ich mich nicht daran überesse. Herzkirschen stehen schon, in großen Körben, an allen Ecken. ...

Adele Schopenhauer, Balzac, Dostojewski, Turgenjew, Brentano, von Arnim, die Brüder Grimm besuchen gleichfalls das Kurbad. 1848 nennt der Engländer William Makepeace Thackeray in seinem Roman *Vanity Fair, Jahrmarkt der Eitelkeit*, Wiesbaden als Ziel englischer Vergnügungs- und Erholungsreisen. 'Am Rhein' heißt das 27. Kapitel, in welchem Wiesbaden eine Rolle spielt:

Das Parlament war geschlossen, der Sommer vorgerückt, und die ganze gute Gesellschaft von London stand im Begriff, die Stadt zu verlassen, um ihre jährliche Vergnügungs- oder Erholungsreise anzutreten, als eines Morgens das Dampfschiff 'Der Batavier' mit einer großen Schar englischer Flüchtlinge an Bord den Landeplatz an den Tower Stairs verließ. ...

Unter den Fahrgästen gab es Leute der verschiedensten Art:

... alte Müßiggänger von der Pall Mall, die nach Ems oder Wiesbaden gingen, um sich durch eine Brunnenkur von den Folgen der Dinners der Saison zu befreien und sich durch ein bißchen Roulette und Trente-et-quarante die nötige Aufregung zu verschaffen. ...

Alfons Paquet entwirft 1927 ein „Lebensbild“ der Stadt Wiesbaden mit ihrem Badepublikum und den gepflegten Kuranlagen:

Die Wolke von Wiesbaden, die einst aus breiten Sümpfen und Wäldern hervordampfte, schlägt sich noch immer an den Wänden der Kochbrunnenhallen nieder, in denen unablässig die Prozession der Fremden wandelt, die aus trüben Gläsern das kräftig schmek-

kende, bräunliche Wasser trinken und zuweilen auf den gelben Strudel hinstarren, zu dem sich von niederem Rand aus Marmor die Wasserschöpferin hinunterbeugt. Es sind viele Besucher hier, junge Leute in Tenniskleidung, alte in Peieslocken und langen Kaftanen. Alle kommen aus dem Grenzenlosen, und die Stadt gehört doch ihnen mit. Die heißen Wasser, die in den Wannen fließen, die Wälder, die Anlagen, das sanfte Klingen des Baches am Strauchweg gehört ihnen, wie die Konzerte, die Feuerwerke, und die Pracht der Beete vor den Kaskaden des Bowling Greens, dieses kultiviertesten Gartens zwischen den klassischen Kolonnaden und der Säulenfront des Kurhauses. …

Unmittelbar an der Stadt beginnt der Kurgarten, wohl gepflegt, mit schattigen Spielplätzen, sauberen Wegen, bezaubernden Wassern. Eine ganze Welt kam herbei, um in einer solchen Stadt zu atmen; den einen bot sie Ruhe, den anderen Zerstreuung, weit draußen sind Arbeit, Gefahr und Unternehmung. Russen, Engländer, Amerikaner, die großen Kaufleute aus den Hansestädten und von Übersee, die Industriellen aus dem Rheinland, alle fanden die Eleganz der Hotels, die Vornehmheit der Villen und fühlten sich hier in der Nähe der Quellen vor den Wirkungen des Alters sicherer. …

Wiesbaden, die Spielbank und das Roulette, diese Begriffe gehören zusammen wie in dem zeitgenössischen Kriminalroman von Elka Vrowenstein, *Wiesbadener Roulette.* Elka Vrowenstein? Nie gehört! Der Name entpuppt sich als Pseudonym für ein literarisches Quartett. Joachim Biehl, Richard Lifka, Katharina Pauly und Gisela Winterling treffen sich jede Woche donnerstags als Autorengruppe um aus literarischem Spiel schriftstellerischen Ernst werden zu lassen. Ihr Kolportage- und Kriminalroman aus der Lokalpolitik spielt in Wiesbaden – nicht nur, aber doch weitenteils in der Spielbank:

Wiesbaden, Freitag, 13. Juni.

Frederic schlenderte über den Bowling Green auf das Kurhaus zu. Den plätschernden Brunnen, das Theater und die Kolonnaden nahm er nur am Rande wahr. …

Frederic Feuerbach ist Kriminalbeamter und einem Mord auf der Spur. Deshalb hat er kaum Zeit die Schönheit des Kurhauses mit seiner prachtvollen Auffahrt angemessen zu würdigen.

Schmale Stufen führten ihn von der Seite hinauf zu dem sechssäuligen Portikus des Kurhauses. Unablässig kamen Taxis und schwere Limousinen vorgefahren, hielten kurz, um schöne Menschen in Abendgarderobe aussteigen zu lassen. ...

Die Weitläufigkeit und Höhe des Kuppelsaales, in dem sich jedes Wort durch Hall vervielfachte, beeindruckte ihn immer wieder aufs neue. Die Konzertbesucher drängten sich vor der Garderobe an der rechten Seite, um dann in einem Gang zu verschwinden, der zum Thierschsaal führte. Auf der gegenüberliegenden Seite befand sich der Eingang zur Spielbank, wohin sich Frederic jetzt zielstrebig wandte. Ein Saaldiener stand vor der Tür, durch die man schon gedämpft die Geräusche des Spielbetriebes hören konnte. ...

„Du sollst deinen besten Anzug, dein schönstes Kleid anziehen. Das Casino ist eine gesellschaftliche Angelegenheit – und das verpflichtet": Nach diesem ersten Gebot des ungeschriebenen Katechismus der Spielbanken aller Länder schienen sich die Menschen hier versammelt zu haben. Der Roulette-Kessel unter Glas, gleich neben dem Eingang, erinnerte an den berühmtesten Spieler der Wiesbadener Spielbank, Dostojewski. Das gedämpfte Licht aus den tief über den Tischen hängenden Lampen und das lautlose geschäftige Hantieren mit den Jetons unterstrichen die Spannung, die spürbar in der Luft hing. ...

Mit der Spannung von Spielbanken kann das benachbarte Bad Schwalbach – ehemals Langenschwalbach – nicht aufwarten. Dennoch entwickelt es sich zu einem beliebten Bad der internationalen Gesellschaft. Im 18. und 19. Jahrhundert steht es bei blaublütigen Gästen aus dem europäischen Hochadel in hoher Gunst.

In *Eine Erinnerung an Goethe umd Dehmel* schreibt Bolko Stern, dass Goethe in Begleitung von Lavater am 28. Juni 1774 nach Langenschwalbach gereist sei. In Lavaters Tagebuch steht:

Goethe recitierte viel von seinem ewigen Juden. Ein seltsames Ding in Knittelversen. Um halb sechs Uhr langten wir ... im stillen berühmten Schwalbach an; Wirtshaus an Wirtshaus ...

Nachher gingen wir spazieren an der breiten, doppelten, übereinanderstehenden Allee. Herrlich angenehm. Trafen wenige Personen an. Gingen zum Brunnen, der mit roten Steinen eingefaßt, in einer Vertiefung … aufquoll. Wir versuchten das Wasser. Stark vitriolisch.

Langenschwalbach ist in zwei berühmte Romane eingegangen, in Theodor Fontanes *Effi Briest* und Thomas Manns *Die Bekenntnisse des Hochstaplers Felix Krull.* 1890 bis 1894 arbeitet Theodor Fontane an dem Roman eines Ehebruchs und dessen tragischen Folgen. Als Effi Briest in Langenschwalbach zur Kur weilt, entdeckt ihr Ehemann, Baron Instetten, die Liebesbriefe des Liebhabers Crampas in der Nähkommode seiner Frau. Im 25. Kapitel des Romans kündigt sich bereits der Kuraufenthalt an, denn Effi Briest, geplagt von Gewissensbissen, fühlt sich nicht wohl. Außerdem hat sie immer noch nicht den erwünschten männlichen Erben geboren und konsultiert in dieser Angelegenheit ihren Vertrauensarzt Dr. Rummschüttel:

Ja, Effi nahm die Erbfolge leicht, wie junge, reizende Frauen das tun; als aber eine lange, lange Zeit – sie waren schon im siebenten Jahre in ihrer neuen Stellung – vergangen war, wurde der alte Rummschüttel, der auf dem Gebiete der Gynäkologie nicht ganz ohne Ruf war, durch Frau Briest doch schließlich zu Rate gezogen. Er verordnete Schwalbach. Weil aber Effi seit letztem Winter auch an katarrhalischen Affektionen litt und ein paarmal sogar auf Lunge hin behorcht worden war, so hieß es abschließend: „Also zunächst Schwalbach, meine Gnädigste, sagen wir drei Wochen, und dann ebensolange Ems.“ …

Lustig und amüsant zeigt sich Langenschwalbach in Thomas Manns Hochstaplerroman *Felix Krull.* 1905 beginnt der Autor mit den ersten Notizen, doch zieht sich die Arbeit fast ein halbes Jahrhundert hin bis zur Veröffentlichung 1951. Langenschwalbach um die Jahrhundertwende wird im 3. Kapitel aus der Sicht des leichtlebigen Jungen Felix beschrieben, der mit seinen Eltern in dem Kurbad weilt, weil der Vater in Moorbädern Linderung für seine Gichtanfälle sucht. Der Junge wird von russischen Aristokratinnen verhätschelt und verwöhnt. So beginnt schon früh seine Laufbahn als Liebling der Damen, in Langenschwalbach wird der Grundstein gelegt.

Im Jahre 1916 hält sich der expressionistische Dichter Richard Dehmel als Fronturlauber während des Ersten Weltkrieges in Langenschwalbach auf. Er wandelt mit Freunden in der Hainbuchenallee und rezitiert seine Ballade *Die Verhüllten*, zu der er in Langenschwalbach eine neue Fassung geschrieben hat. Die Ballade ist stark von seinen Kriegserlebnissen beeinflusst:

Der goldne Schlaf, der schwarze Tod,
die trafen sich ums Morgenrot.
Die Haide hing voll Höhenrauch,
ein Vogel rief im Holderstrauch:
Zieh mit! Zieh mit!

Es sprach der Schlaf: Ich bring die Ruh,
ich häng die Leidensstunden zu,
ich hülle um die Tagesschlacht
den goldnen Flor der Gottesnacht.
Zieh mit! Zieh mit! …

Im Nachbarort Schlangenbad weilen gleichfalls berühmte Persönlichkeiten. Über *Bettina Brentano* schreibt Karl Wolf:

Zweimal hat sie sich in den Tälern des Taunus aufgehalten, die Wochen des Kurbetriebs in Schlangenbad miterlebt. …

Im Juli 1803, als die Linden blühten und einen süßen Duft ausströmten, führte sie die Kutsche in der Begleitung ihrer Schwägerin Toni, die nach der Sitte der reichen Frankfurter Kaufmannsfrauen die Abwechslungen des Kuraufenthaltes genießen wollte, durch die Sternennacht dem Taunus zu. Um alles gut beobachten zu können, hatte sich Bettina neben den Kutscher auf den Bock gesetzt. „Außer ein paar Strohhütten, die vor Weinlaub nicht aus den Augen sehen konnten, war nichts am Wege, ein plaudernder Bach, dessen Mundart ich noch nicht verstehen konnte, war unser Begleiter bis ins Schlangenbad hinein.“ …

Bettina Brentano hat in ihrem Gasthaus einen aufdringlichen Verehrer, den Kammerherrn der Kurprinzessin von Hessen:

Unter ihr im Gasthaus wohnten zwei von den vielen Fürstlichkeiten, die sich in alter Zeit so zahlreich in diesem Modebade aufhielten, die Kurprinzessin von Hessen und ihr Schwager, der Herzog von Gotha.

Noch am ersten Nachmittage erlebte die Neuangekommene ein Abenteuer mit dem zudringlichen Kammerherrn der Prinzessin, der ihr aber am nächsten Tage eine Einladung zum Tee bei den Fürstlichkeiten zu überbringen hatte. Zwar mußte sie sich noch vor ihm in acht nehmen, da er sie verfolgte, aber sie rückte ihr „Schawell" dicht an die Prinzeß, so daß er sie in Ruhe lassen mußte.

Ganz stimmte ihr Benehmen nicht zu dem höfischen Tone, die Gesellschaft wunderte sich über ihre naive Art, damit meinte sie Unart, „sie halten mich für einen halben Wilden, weil ich wenig oder nie mit ihnen spreche, weil ich mich durchdränge, wohin ich will, weil ich mich ohne Erlaubnis an der Prinzeß Seite setze, als ob ich den Platz gepachtet habe ...".

Aber die Prinzeß hielt sie für ein liebes Kind, und der Herzog von Gotha bestätigte: ein allerliebstes Kind. Ihre Gönnerin lauschte in der Nacht ihrem Gesang beim Guitarrespiel und ließ sich auch zum Abschied eine Improvisation vorspielen. ...

Bettina Brentano besitzt eine gute Beobachtungsgabe und eine scharfe Feder. Sie nimmt die Absonderlichkeiten der Badegäste in Schlangenbad wahr und bespöttelt sie, vor allem die der exzentrischen Engländer. Karl Wolf erzählt:

Sie forderten öfters die Spottlust Bettinens hervor. Einer dieser Masters lief zur Morgenpromenade mit gelben Pantoffeln und Nankingrock auf der Hotelterrasse herum und schützte mit einem grünen Parapluie sein Gesicht vor der Sonne.

Wenn die Gesellschaft einen Ausflug veranstaltete, so trugen die Engländer das unvermeidliche Fernrohr mit. In die Umgegend wurden viel Ausflüge gemacht. Selbst zur frühsten Morgenstunde brachen die Freunde Bettinas auf, um den Sonnenaufgang auf Bergeshöhe zu beobachten. Daß sie die Schönheit dieses Naturschau-

spiels nicht genießen konnten, lag an dem Mangel an Orientierungsfähigkeit der Engländer, die mit ihren Perspektiven das erwachende Gestirn im Westen suchten, während es in ihrem Rücken sich schon strahlend erhob. …

Einer von Bettina Brentanos Ausflügen fällt ins Wasser. Bei einem Eselsritt nach Rauenthal wird die Gesellschaft vom Regen überrascht. Bettina Brentano schreibt:

„Und wie die Esel durch das Wasser patschten, kam ein ungeheurer Donnerschlag, die meisten schrien auf, die Esel schrien nicht, aber sie warfen uns alle mit einem Male herunter in die Pfützen." …

An einem sonnigen Nachmittag wird der missglückte Eselsritt wiederholt. Ein Frankfurter Maler fertigt dazu eine Skizze an und Bettina Brentano hält die Szene aus der Erinnerung schriftlich fest:

„Ich war voran mit einer grünseidenen Fahne, die ich mir gemacht hatte, die stemmte ich in die Seite und hielt recht feierlich still, die Gitarre hing auch am Sattel. Es dauerte ein Weilchen, die Esel hingen die Ohren und waren eingeschlafen, die Sonne brannte, die Mücken stachen, sie glaubten alle, sie könnten es nicht länger aushalten. …

Ich nahm meine Gitarre …, mehrere Maultrommeln der Eseltreiberjungen fielen ein, es erhob sich die Stimme Baß und Diskant, andere pfiffen, Haise neben mir gab einen Ton von sich, mit dem er eine Pauke nachmachte, die mit einer Rute und einem Klöppel geschlagen wird, pfitsch, pfitsch, bum, bum. Die Esel wachten auf und spitzten die Ohren wieder, die Lüftchen regten sich wieder in den flatternden Bändern, alles war begeistert." …

Fünf Jahre später, 1808, hält sich Bettina Brentano ein zweites Mal in Schlangenbad auf. Diesmal ist sie bereits mit Achim von Arnim verlobt und wartet auf ihn. Karl Wolf erzählt:

Ihn hielten noch literarische Arbeiten in Heidelberg zurück. Morgens und abends lief Bettina auf die Terrasse, wenn ein Wagen heranknarrte. Die Zeit des Wartens vertrieb sie sich mit Briefeschreiben … an Goethe; ihm schwärmte sie von der schönen Ste-

phanie, der Kurprinzessin von Baden, vor, die ihr gegenüber wohnte. Sie war Napoleons Stieftochter. …

Endlich traf anfangs August der Verlobte ein, und Bettina konnte nun mit ihm die schönen Abende genießen. … Von jetzt an kam sie nicht mehr zum Schreiben. …

Soden ist wegen seiner Brunnen und Mineralwasser ebenfalls von berühmten Menschen frequentiert worden und in die Literatur eingegangen. Nein – Goethe kurt nicht hier, aber dafür seine 'Suleika' aus dem *Westöstlichen Divan.* Marianne von Willemer kommt des Öfteren von Frankfurt nach Soden. Die zweiunddreißigjährige Marianne und ihr vierundzwanzig Jahre älterer Ehemann Jakob halten sich gerne im Taunus auf, soweit seine Geschäfte als Frankfurter Unternehmer und Mühlenbesitzer dies erlauben.

Beide sind mit Goethe befreundet, der schon am 14. Oktober 1814, drei Wochen nach der Hochzeit der Willemers, in ihrem Hause zu Gast ist. Seitdem stehen Marianne von Willemer und Johann Wolfgang von Goethe in regem Briefwechsel. Goethe schreibt ihr aus Weimar, dass die Achse seines Wagens gebrochen sei und er die geplante Rheinreise aufgegeben habe. Marianne von Willemer antwortet Goethe daraufhin aus Soden:

Soden, den 1. August 1816

Wie freudig eröffneten wir Ihren so lange entbehrten und sehnlichst erharrten Brief! Und wie schmerzlich drang sich uns bei Durchlesung der Gedanke auf, daß unsre teuersten Freunde bedeutende Unfälle treffen können, ohne daß wir eine Ahnung davon haben.

Durch Frau von Brentano wußten wir von Ihrem Vorhaben, Baden zu besuchen, und glaubten Sie schon lange dort, und nun Sie diesen unangenehmen Vorfall hatten, wird es wohl vielleicht noch einige Zeit brauchen, bis Sie sich entschließen, die Reise wieder anzutreten. Gott sei Dank, daß Sie unbeschädigt geblieben!

Aus der Überschrift meines Briefes erraten Sie, daß auch wir eine Badreise gemacht, und obschon sie nicht von Bedeutung, so fügten sich doch die Ereignisse so sonderbar, daß auch wir verhindert wurden, den 20., welches der festgesetzte Tag unsrer Abreise war, wegen überaus schlechtem Wege die kleine Reise zu machen; zudem hoffte ich auf eine viel glücklichere Wirkung des Bades auf meine Gesundheit, welches verbunden mit dem herbstlichen Wetter nichts weniger als wohltätig für mich war; ich werde es daher zu Willemers Freude, der nur aus Liebe zu mir sich entschließen konnte, die Mühle zu entbehren, sehr bald verlassen. …

Ich wünsche und hoffe alles Gute für Sie von dem Gebrauch des Heilquells und schließe mit der Beteuerung, daß ich warm und innig sowohl erfreuliche als schmerzliche Begegnisse mit Ihnen teile, wenn ich schon nicht fähig bin, es auszusprechen.

Unverändert Marianne

Wie in allen Taunusbädern, so halten auch vornehme Russen im 19. Jahrhundert in Soden Hof. Iwan Turgenjew und Leo Tolstoi nehmen 1860 am Sodener Badeleben teil. In Tolstois 1878 veröffentlichtem Roman *Anna Karenina* spielt das 30. Kapitel im Kurbad Soden. Hier lernt Kitty, eine der Protagonistinnen, ihren späteren Ehemann kennen, den Russen Nikolaj Lewin, der ihr anfangs überhaupt nicht gefällt. Lewin fällt durch Peinlichkeiten auf, lautstark streitet er sich mit einem Sodener Kurarzt.

Graf Leo Tolstoi weilt auf Drängen seines Petersburger Hausarztes in Soden und schreibt 1860 nach Hause:

Soden ist ein herrlicher Ort. Ich bin noch keine Woche hier und fühle mich trotzdem bereits viel wohler. Mein Bruder Serjoscha und ich haben hier Zimmer genommen. Für drei Zimmer zahlen wir 20 Gulden wöchentlich, Table d'hôte einen Gulden, Wein ist verboten. Ihr könnt daraus ersehen, welch bescheidener Fleck Soden ist. Mir gefällt er jedoch. Draußen vor meinem Fenster wächst ein Baum, der nicht gerade auffallend schön ist, doch hat ein Vögelchen sein Nest auf ihn gebaut und singt jeden Abend. Das ganze erinnert mich an den Seitenflügel unseres Hauses in Nowosjolki. Ich glaube, ich werde geraume Zeit in Soden verbleiben, mindestens sechs Wochen. Lebt wohl.

Gunther Krauskopf berichtet, dass sich Tolstoi für die Volksschule in Soden interessiert, weil er nach diesem Modell eine Volksschule auf seinem Gut in Russland einrichten will:

Leo ... besichtigte in Soden die Schule, die damals von Karl Presber geleitet wurde. Nach schlechten Eindrücken in Sachsen vermerkte er kurz und bündig im Besucherbuch: „Graf Leo Tolstoi, Rußland, Gutsbesitzer. 28. und 29. VIII. 1860. Keine bessere Volksschule gesehen.“

Weniger bekannt als Tolstois *Anna Karenina* ist Iwan Turgenjews kurzer Roman *Frühlingswogen*, erschienen 1872. Er spielt zwischen Wiesbaden, Soden, Hanau und Frankfurt. Thema ist die Liebesgeschichte zwischen dem durchreisenden Russen Dimitri Pawlowitsch Sanin aus Sankt Petersburg und Gemma, der Verlobten des Frankfurter Ladenbesitzers Klüber. Gunther Krauskopf meint:

Inwieweit hier Autobiographisches von Turgenjew eingeflossen ist, müßte noch festgestellt werden. Überraschende Parallelen zwischen Romanheld und Autor lassen sich aber auch so finden. Sicher ist, daß beide das gleiche Geburtsjahr haben (1818), beide Gutsbesitzer sind, beide aus Sankt Petersburg kommen und beide eine Liebesbeziehung hier hatten.

Tolstoi schreibt über Turgenjew aus Soden:

„Er hat hier ein deutsches Mädchen entdeckt und ist in größter Begeisterung für sie. Wir spielen Schach, kommen damit aber nicht recht voran. Er denkt an sein deutsches Mädchen und ich denke ans Gesundwerden.“ ...

Vielleicht hat Turgenjew das deutsche Essen in Soden nicht so recht geschmeckt, denn in dem Roman *Frühlingswogen* lässt er sich negativ darüber aus:

Wer hat nicht schon erfahren, aus welchen Bestandteilen ein deutsches Mittagsmahl zusammengesetzt ist? Eine wässrige Suppe mit Klößen, die stark mit Zimmet gewürzt sind; Rindfleisch, trokken wie Kork, serviert mit Rüben, geriebenen Meerrettig, Kartoffelbrei und einer weißlichen Fettsoße; blau gekochter Aal mit Kapern in Essigsoße; Braten mit Eingemachtem und endlich die unvermeidliche Mehlspeise, eine Art Pudding, über den eine rötliche, säuerliche Soße gegossen ist. ...

So war auch das Diner beschaffen, das der Restaurateur in Soden seinen Gästen vorsetzte. Nach dem Essen wurde schwacher, rötlicher Kaffee serviert, ebenfalls so recht nach deutscher Manier zubereitet. ...

Während die Menüs in der Kurstadt nicht nach seinem Geschmack ausfallen, findet Turgenjew Soden und seine Umgebung sehr reizvoll:

Soden ist ein kleines Städtchen. ...

Es liegt in einer entzückenden Gegend am Fuße des Taunus und ist bei uns in Rußland sehr berühmt wegen seiner Mineralwasser, welche, wie man versichert, Kranken sehr zuträglich sein sollen. ...

Soden besitzt einen herrlichen Park und eine große Anzahl Wirtschaften, wo man im Schatten der Linden und Ahornbäume Bier und Kaffee trinken kann. ...

Friedrich Stoltze, Frankfurter Satiriker und Journalist, reist ab 1860 fast jährlich nach Soden um Linderung für seine Beschwerden zu finden:

Deutsches Nizza! Mildes Soden!
Mit berühmten Säuerlingen,
Die vor Freude aus dem Boden
Zwölf Pariser Fuß hoch springen ...

So zum Trinken als zum Baden,
Gegen Brust- und Leberleidern
Und der Gallensteine Marter ...

Ab 1922 darf sich das Kurbad offiziell Bad Soden nennen, ab 1947 erhält es die Stadtrechte. Das heutige, moderne Thermalbad von Bad Soden ist der Schauplatz einer Erzählung, die an Kafka erinnert. Nicht in einen Käfer, sondern in einen Frosch verwandelt sich die Figur in *Froschleben* von Rosemaria Cordsen-Enslin, einer deutsch-chilenischen Schriftstellerin, die in Oberursel wohnt. Die Erzählung wurde ursprünglich in spanischer Sprache geschrieben und von der Autorin selbst ins Deutsche übersetzt:

Froschleben

Jeden Sonntag ging sie ins Thermalbad um fit zu bleiben. Wenn sie ohne ihre unerlässlichen Augengläser in das warme und salzige Wasser stieg, fühlte sie sich um Millionen Jahre zurückversetzt in ein früheres Leben unter der Wasseroberfläche eines Teiches. Ihre Augen wurden groß und rund, ihre Lider und Lippen verdickten sich auf groteske Art und die Nasenflügel fingen an ungeduldig zu vibrieren. Diese Verwandlung erfolgte so unauffällig, dass keiner der Badenden verwundert aufsah, wenn er oder sie beim Schwimmen ihre raue, pickelige Haut streifte, die nach Stunden im Wasser samtweich wurde. Die kräftigen Schenkel, die in breiten Schwimmflossen endeten, durchpflügten wollüstig das Wasser nach einem bestimmten, von ihrem Instinkt diktierten Rhythmus.

Ausstrecken, einziehen, ausstrecken, einziehen. Dabei mit koordinierten Muskelbewegungen große Wassermassen nach hinten schieben um diesen ihren blassen, unförmigen und verhassten Körper harmonisch vorwärts zu bewegen. Das Wasser, wie bekannt, kaschiert die wahren Umrisse der untergetauchten Leiber. Somit fühlte sie sich darin sicher vor aufdringlichen Blicken.

Ungestüm, fast atemlos erreichte sie die schaumige Fontäne, unter der sich die Kleinen vergnügten. Sie vermieden ihre Nähe intuitiv, so als wüssten sie von dem Vorhandensein ihrer langen im Schlund eingerollten Zunge. Sie hatten nichts zu fürchten; noch schlummerte ihr Hunger. Der aufgeblasene Bauch war damit beschäftigt, die letzte reichliche Mahlzeit zu verdauen.

Die abendlichen Sonnenstrahlen schienen schräg auf das Wasser, wärmten die höheren Schichten auf und ließen das Licht auf der Oberfläche reflektieren. Ihre erkalteten, erschlafften Glieder als Folge ihrer sitzenden Bürotätigkeit gewannen durch das Schwimmen an Kraft und Vitalität. Sie fühlte sich im grünlich schimmernden Wasser entspannt und geborgen, als wäre sie nach langer Zeit heimgekehrt. Ihre Lebensfreude stieg ins Unermessliche.

Doch sobald sie das Becken verließ, empfand ihre Haut die Berührung mit der Luft wie einen dumpfen Schlag. Die Brust tat ihr weh, sie keuchte erbärmlich. Schleppend erreichte sie die Umkleide-

kabine, wo sie sich in die stille, bescheidene Kassiererin zurückverwandelte, die alle kannten. ...

Wenn sie wieder ihre dicken Augengläser aufsetzte, entdeckte sie erneut die feindseligen Gesichter und die schrägen Gegenstände, die immer um sie herum waren. Aus ihrer Froschperspektive eines Wasserfrosches auf dem Trockenen empfand sie sich als ein irreales, fremdes, ekelerregendes Wesen. Nur im Wasser hatte sie ihre Freiheit, ihr Temperament, ihre echte Froschidentität.

Von ausländischen Gästen, von russischen, englischen, französischen Bade- und Spielcasinobesuchern weiß auch die Stadtgeschichte Homburgs zu berichten. Eine Straße trägt den Namen der russischen Gräfin Kisselew, Russen haben eine Kapelle im Kurpark gespendet.

Der berühmteste literarische Russe in Homburg dürfte wohl Fjodor Dostojewski gewesen sein, der dem Spielkasino und der Kurstadt in seinem autobiografischen Roman *Der Spieler* im Jahre 1866 ein Denkmal setzte. Dostojewski gefiel Homburg mit seinem schönen Kurpark und Kurhaus ausnehmend gut. An seine Gattin Anna Grigorjewna schrieb er am 19. Mai 1867 aus Homburg:

Man muß sagen, die Gegend hier ist bezaubernd. Der Park ist großartig, das Kurhaus ebenfalls, die Musik wunderschön. ... Hier könnte man leben, wenn das verdammte Roulette nicht wäre. ...

Über die Hintergründe von Dostojewskis Roman schreibt Egon Caesar Conte Corti in *Der Zauberer von Homburg und Monte Carlo:*

Aus dem Kreise der literarischen Welt in Homburg interessiert natürlich besonders die Gestalt Dostojewskis, dessen Besuche dort ja schließlich zu einem Werke geführt haben, das in der meisterhaften Schilderung der Psyche des Spielers eigenes Erleben des Dichters verewigt hat. ...

Wie Dostojewski stets alles übertrieb, hat er sich auch da mit maßloser, ja gieriger Leidenschaft in das Abenteuer des Glücksspiels gestürzt, das ihn volle zehn Jahre gefangen halten und ausfüllen sollte. Die Neigung zum Hasard lag zweifellos in ihm. ...

So kam es zu seiner ersten Reise nach dem Westen Europas, die er im Jahre 1862 ... unternahm und die ihn vorerst an die Spielbank nach Wiesbaden führte. Der anfänglich nicht unbedeutende Gewinn, der ihm dort zufiel, war verhängnisvoll für seine nächste Zukunft. Von Wiesbaden ging's nach Baden-Baden und im Oktober 1863 auch nach Homburg, wo er mit Unglück spielte und einmal seinen letzten Gulden am Spieltisch einsetzte und verlor. ...

Dostojewski verlor bei seiner heißblütigen Natur im Spielsaal in kürzester Zeit alle Ruhe und kalte Überlegung. Da er überdies stets nur mit ganz beschränkten Mitteln arbeiten konnte, so daß er zum Beispiel in den livres des jeux wegen der Geringfügigkeit seiner Einsätze niemals genannt ist, war er der typische, zu Verlust bestimmte Kurgast. ...

Das 17. Kapitel von Dostojewskis Roman beginnt damit, dass der Ich-Erzähler, ein dem Roulette verfallener Spieler, beschließt nach Homburg zu fahren. Zwar hat er schon in anderen Spielkasinos sein

Geld verloren und ist bettelarm. Dennoch treibt es ihn nach Homburg, wo er erneut sein Glück versuchen will.

Des einen Leid, des anderen Freud. Zwei, die durch das Spielkasino reich werden und keinen Grund zum Klagen finden, sind ihre Gründer, die Brüder Blanc. In *Der Zauberer von Homburg und Monte Carlo* schreibt Egon Caesar Conte Corti über die Anfänge des Homburger Kasinos:

Es war den Spielleitern gelungen, wie es von Haus aus geplant war, möglichst viele reiche Ausländer nach Homburg zu ziehen. Unter ihnen ragten die Russen hervor. Die russische Aristokratie jener Zeit war unerhört reich. …

Da war es nur natürlich, daß der Spielteufel in den Reihen dieser Gesellschaft seine Opfer am leichtesten fand. Besonders die Damen ergriff die Leidenschaft des Spieles, und zwar nicht nur die jungen, schönen und leichtsinnigen Frauen, sondern auch die alten Damen und diese mit besonderer Heftigkeit.

Eine unter ihnen erregte in Homburg vor allen anderen größtes Aufsehen, weil sie geradezu wahnsinnige Geldausgaben machte und ungeheure Spielverluste erlitt. Es war die Gräfin Sophie Kisselew, die Gemahlin des russischen Generals Grafen Paul Dimitrijewitsch Kisselew. …

Die Kisselew spielte fast täglich von dem Augenblicke der Eröffnung der Bank bis zum späten Abend. …

Stets war die sehr abergläubische alte Dame von Magnetiseuren, Spiritisten und Systemspielern sowie sonstigen Scharlatans umgeben, die ihr einredeten, sie könnten den Lauf der Roulette vorhersagen. …

Konrad Huth schreibt über den Fortgang des Roulettespiels in Bad Homburg:

Das Roulette dreht sich heute nicht mehr im Kurhaus, sondern im Brunnensälchen. Errichtet wurde dieses erste Kurmittelhaus 1838 für die gerade wieder entdeckte erste Heilquelle, den heutigen Elisabethenbrunnen. Der Park, den Lenné 1853 für Bad Homburg entworfen hat und in den Folgejahren ausführen ließ, öffnet sich einerseits zur Stadt, andererseits zum nahen Taunus. … Zahlreiche

Denkmäler säumen Wege und Plätze. Fürstlichkeiten sind hier verewigt, verdiente Ärzte, der Dichter Friedrich Hölderlin, der hier einige seiner bedeutendsten Werke schuf. …

Über den Kurpark, die Literaten Hölderlin und Dostojewski und das Roulette hat die in Bad Homburg lebende Lyrikerin Elli Michler ein Gedicht geschrieben:

Bad Homburg

Im Kurpark, der sein goldenes Geschmeide,
den Siamtempel, trägt, blüht der Jasmin.
Der Schloßturm, feierlich im weißen Kleide,
erinnert sich an Hölderlin
und blickt nach drüben: Wo die Kugel rollt,
läßt Dostojewskis Geist die Spieler grüßen.
Ein Eichhörnchen, ganz ungewollt,
sitzt einer Kaiserin aus Stein zu Füßen.
Wo junge Paare durch Alleen schreiten,
schaun auf den Bänken alte zu.
Moderne Thermen, neue Zeiten
und längst vergangne geben sich ein Rendezvous.

In Homburg spielt auch der 1957 entstandene Roman *Attentat auf den Mächtigen* von Edzard Schaper. Er beginnt mit einem sehr langen Satz:

Der Polizeibehörde einer berühmten Bäderstadt im ehemals preußischen Taunusvorland ging im Frühsommer des Jahres 1901 als geheime Dienstsache die Mitteilung zu, daß der Wirkliche und Geheime Kaiserlich Russische Reichsrat und Oberprokureur des Heiligen Dirigierenden Synods zu St. Petersburg, Seine Exzellenz Konstantin Petrowitsch Pobjedonoszew, demnächst zu einem Kuraufenthalt eintreffen, und daß bis zu seiner Ankunft an einem Tage, über welchen noch telegraphisch unter dem Kennwort 'Siegträger' genauere Mitteilung erfolgen würde, alle Sicherheitsvorkehrungen zu treffen seien, welche für den ungestörten und gefahrlosen Besuch einer Person von so hohem Rang angezeigt seien. …

Leicht werden ortskundige Leserinnen und Leser im Verlauf der Lektüre die „berühmte Bäderstadt im ehemals preußischen Taunusvorland“ als die Kurstadt Homburg identifizieren, obgleich ihr Name kein einziges Mal genannt wird. An Gebäuden und Straßen lässt sich dies festmachen: Die Straße ‘Schöne Aussicht’, die russische Kirche, das Hotel ‘Frankfurter Hof’ verweisen auf Homburg. Darüber weht das berühmte Taunuslüftchen, heute in klingende Münze umgesetzt als ‘Champagnerluft und Tradition’. In dem Roman heißt es:

Das machte das berühmte ‘Lüftchen’, auf das die Kurverwaltung so stolz war, und das die waldigen Taunushöhen unablässig zur Kühlung entsandten. …

Klaus-Dieter Metz weist in seinem Aufsatz *Schauplatz Homburg 1901* darauf hin, dass in Edzard Schapers Kurroman der Schwanenteich, die Russische Kapelle, der Siamesische Tempel vorkommen, letzteres ein *peinliches Versehen, … denn zur Zeit der Romanhand-*

lung existiert die Sala Thai, so die korrekte Bezeichnung, ja überhaupt noch nicht. Sie wird erst zwölf Jahre später errichtet und ein Jahr danach eingeweiht. … Enttäuscht sind wir Homburger, daß es den russischen Staatsrat nicht ein einziges Mal in das Stadtinnere, zum Schloß, in die Louisenstraße und vor allem in das Kurhaus zieht. …

Der Autor selbst ist mehrfach in Bad Homburg Gast. In den fünfziger Jahren wohnt Edzard Schaper in Ritters Parkhotel. In seiner Korrespondenz mit der Friedrichsdorfer Autorin Erika Lorenz schreibt er 1982:

Ich selber war seit fünfzehn oder mehr Jahren nicht mehr dort (Bad Homburg). Früher oft, immer wenn ich in dem unmenschlichen Frankfurt zu tun hatte, und auch sonst, zur Rast, auf Vortragsreisen. Alles, was Sie über Homburg, seine Gäste, seine Hotels, die Persönlichkeiten des öffentlichen Lebens und der Aemter, die 'örtlichen' Gewohnheiten und Eigenheiten des kleinstädtischen, ganz auf den Fremdenstrom der Berühmten zugeschnittenen Lebens in meinem kleinen Roman erfahren, ist authentisch bis ins geringste Detail. Nur der Oberprokureur des Heiligen Dirigierenden Synods Pobjedonoszew, eine tragische, halb fanatische, halb närrische (weil grotesk reaktionäre) Gestalt der politischen Geschichte Russlands, ist nie dort gewesen. …

Den habe ich in die mir von vielen, vielen müßigen Aufenthalten in Bad Homburg her vertraute Atmosphäre, die ich von Herzen genossen habe und in dankbarer Erinnerung bewahre, hinzugedichtet, denn irgend etwas muss ein Dichter ja schließlich von sich aus beitragen. Aber alles hätte so geschehen können. …

Natürlich, um auch diese Frage zu beantworten, habe ich den Kurpark und den Hardtwald gesehen, habe, zusammengerechnet, ein paar Tage darin verbracht. …

Ritters Parkhotel, in dem Edzard Schaper in den fünfziger Jahren wohnte, gilt als noble Adresse in Bad Homburg. Heute ist es ein Steigenberger Hotel. Die Stadthistorikerin Gerta Walsh schreibt über seine Glanzzeit vor dem Ersten Weltkrieg:

In seiner uneingeschränkten Glanzzeit, also vor 1914, erfüllte Ritters die im „Handbuch der Architektur" von 1885 erhobenen Forderungen an anspruchsvolle Hotels der Luxusklasse. … Dazu verhalfen Kristall-Lüster, Spiegel, Stukkaturen, schwere Teppiche, Gemälde und Marmordekor. Neben den einzelnen Gästezimmern mußten Konversations-, Lese-, Schreib-, Musik-, Rauch- und Spielsalons vorhanden sein, ferner gesonderte Frühstücks- und Speisesäle. Ein Wintergarten und ein Ballsaal durften ebenfalls nicht fehlen. …

Bis zum heutigen Tage bleibt der Name „Ritter's Park-Hotel" in Verbindung mit Bad Homburg ein Symbol für eine verschwundene, unwiederbringliche Zeit. …

11. Kapitel

„Je trouve ici mon asile“

(Inschrift auf der Kanzel der Waldenserkirche in Dornholzhausen)

Vom Fremdsein im Taunus

Ausländische Kurgäste kamen freiwillig in die Taunusbäder, ob mit oder ohne Geld. Nicht immer freiwillig verließen Flüchtlinge, Asylanten, Emigranten ihre Heimatgebiete um sich im Taunus anzusiedeln. Ob Hugenotten und Waldenser des 17. Jahrhunderts oder politische und Wirtschaftsflüchtlinge des 20. Jahrhunderts, Migrationsbewegungen haben im Taunus das Bild der Bevölkerung im Laufe der Jahrhunderte verändert.

„Je trouve ici mon asile“ – „Hier finde ich meine Zuflucht“ steht auf der Kanzel der Waldenser-Kirche im Bad Homburger Stadtteil Dornholzhausen. Es war der „Prinz von Homburg“, der im 17. Jahrhundert protestantischen Flüchtlingen in seinem „Ländchen“ eine neue Heimat gab. …

Von 1686 an lassen sich die ersten „Refugiés“ in Homburg und der vom Landgrafen neu gegründeten Hugenottensiedlung Friedrichsdorf nieder. 1699 kamen 40 Waldenserfamilien hinzu. Sie legten in dem heutigen Bad Homburger Stadtteil ein kleines Dorf an, in dessen Mitte sie eine bescheidene Holzkirche bauten, die sie erst 24 Jahre später durch eine steinerne ersetzten. Sie steht noch heute, schreiben Heike Lattka und Rainer Hein.

1838 besucht Alexandre Dumas die Colonie Française in Friedrichsdorf und kommentiert respektlos, dass hier die Zeit stehen geblieben sei. Sitten, Sprache und Trachten seien noch die des 17. Jahrhunderts. Er mokiert sich über das altmodische Französisch, das die Nachkommen der Glaubensflüchtlinge sprächen: Redewendungen, die man nur noch bei Molière finde.

Dass in der Kolonie Friedrichsdorf die französische Sprache sich nicht fortentwickelte, mag in den Ohren des reisenden Franzosen Alexandre Dumas lächerlich klingen, ist jedoch unter Anbetracht der Umstände verständlich. Auch das Französisch, das die Auswanderer in den Südstaaten der USA oder in Kanada sprachen, entwickelte sich zu einem eigenen Patois, das den Wortschatz und Satzbau der Sprache aus jenem Jahrhundert tradierte, als die Auswanderung stattfand.

Angst vor den Fremden wird deutlich in den Reaktionen der Einheimischen auf die hugenottischen Glaubensflüchtlinge in Hessen-Homburg. Beschwerdebriefe an die landgräfliche Regierung werden von den Alteingesessenen jener Ortschaften verfasst, in denen die Asylanten sich niedergelassen haben. Auch Brandanschläge auf die neuen Siedlungen sind überliefert. In einer Chronik heißt es:

1782 in der „Actenmäßigen Nachricht von der Kolonie zu Friedrichsdorf mit folgendem Wortlaut im Hessen-Homburgischen" veröffentlicht:

„Im Jahr 1719 legten zwar Bösewichter, die im Trüben fischen wollten, mehrmals Feuer an; immer aber löschte man dieses glücklich, und jene wurden endlich ertappt, und 1720 hingerichtet". …

Interessanterweise nennt die deutsche Nachricht als Motiv „im Trüben fischen" – was immer das sein mag. In der französischsprachigen Chronik wird als Motiv der Neid auf die Wohlhabenheit des neuen Hugenottendorfes gesehen – *envieux de la prosperité.* Von Neid spricht auch der Hugenottennachfahre und Heimatforscher Emil Constantin Privat in *Hugenottisches Leben*:

Beliebt waren die Hugenotten in ihren Nachbarorten nicht. Man sah dem ungewohnten Treiben dieser dunkelhäutigen, Französisch sprechenden Menschen mit Mißtrauen und Argwohn zu. Die dunkle Hautfarbe war wohl auch die Veranlassung, daß man sie in der ersten Zeit vielfach mit herumziehenden Zigeunern verwechselte, die auch damals schon wegen ihrer Räubereien bei den Bauern der Umgebung in bösem Rufe standen. Dazu kam ein gewisser Neid, daß die Fertigkeiten der Zuwanderer ihnen Einnahmen brachten, die den dauernden wirtschaftlichen Aufstieg zu garantieren schienen. …

In *300 Jahre Friedrichsdorf* werden von Angelika Baeumerth die Herkunftsorte der zwischen 1687 und 1712 in Friedrichsdorf nachgewiesenen Hugenottenfamilien aufgeführt. Die Flüchtlinge kommen unter anderen aus den Regionen Bourgogne, Champagne, Moselle, Flandre, Dauphiné, Isle de France, Normandie, Languedoc, Provence, Val Cluzon, Picardie und Sevennes.

Die Hutmacherei, die Textilienherstellung und Lederverarbeitung gelten als typische hugenottische Gewerbe. Neue Berufsbilder entstehen zum Beispiel in der Strumpfweberei, Feinleinenweberei, Färberei. In Angelika Baeumerths Buch sind einige der Sprüchlein zu lesen, die wandernde Färbergesellen den Brüdern Foucar, in Friedrichsdorf ansässigen Meistern, in ihr Herbergsbuch schrieben. Sechzehn Jahre lang wurde das Büchlein geführt, 470 Einträge sind vorhanden. Es ist nicht nur ein Herbergsbuch, sondern auch eine Sammlung von „Gesellenpoesie". Eines der Sprüchlein lautet:

Alle Meister sollen leben,
die uns gut Nachtlager geben.
Frischer Muth und ohne Geld
reisen wir Färber durch die ganze Welt.

Nicht allen Färbergesellen gefällt das Leben auf der Wanderschaft. Vor allem der Geldmangel macht zu schaffen. George Guillaume Kirchhoeffer, gebürtig von Butzbach, dichtet:

Viele Ferbergesellen giebt's auf Erden,
Aber wenig die in der Fremde reiche werden.

Ein flehendes Sprüchlein schreibt dieser in das Herbergsbuch der Meister Foucar in Friedrichsdorf:

Ach Gott vom Himmel, schenk' mir doch
einen Schimmel, und einen Wagen mit Geld,
alsdan reise ich durch die ganze Welt
ob's gleich mir jetzt nicht mehr gefelt. F.F.

Ganz und gar verzweifelt klingt, was Clemens Berlau Vogel aus Berlau in der „Schweytz“ schreibt:

Drey Dinge machen mir Verdruß,
das erste das ich färben muß,
das zwedte quelt mich noch vielmehr,
das ich die Zeyt nicht weis wanher,
das dritte macht mich Zweifell voll,
den orth wo ich hinfahren soll.

Während die wandernden Gesellen ächzen und stöhnen, entwickeln sich die ortsansässigen hugenottischen Manufakturen gut, wie Philipp Wilhelm Gercken in einem Reisebericht bestätigt:

Die Manufakturen bestehen vorzüglich hier in gestreiften und gewürfelten halbleinenen Flanellen, von verschiedner Güt und Farbe. Die Färberei verstehen die Einwohner ungemein gut, und ihre Zeuge haben eine lebhafte Farbe. Diese bunten Flanelle gehen in die entferntesten Gegenden, und wird damit ein großer Handel getrieben, daher hier unter den Fabrikanten viele reiche und vermögende Leute sind. …

Die Hugenotten haben Grund dem Landgrafen dankbar zu sein, der ihnen die Gründung ihrer Colonie Française ermöglicht hat. Eine zwei Meter hohe Marmorsäule mit gusseiserner Büste Friedrichs II. auf dem Landgrafenplatz in Friedrichsdorf von 1873 erinnert an ihn.

Zeitliche Distanz verschleiert heute manchmal den Blick und verklärt die Sicht auf die damaligen hugenottischen Asylanten. Leicht gemacht wurde den Neuankömmlingen die Aufnahme nicht. Heute gelten die Hugenotten als ein Musterbeispiel für gelungene Anpassung und Integration. Die Gründung von Heimat- und Hugenottenmuseen, die Durchführung nostalgischer Hugenottentage und -märkte mit Umzügen und Jubiläumsfeiern verstärkt diesen Trend.

Weniger gerne wird herausgestellt, dass damals wie heute Asylanten das Leben erschwert ist durch Entwurzelung, Umgewöhnung, Ablehnung, harten Neubeginn. Xenophobie hat es in jeder historischen Epoche gegeben. Sie ist kein Phänomen nur der Gegenwart. Was im 17. Jahrhundert die Hugenotten im Taunus erlebten, das schlug auch den so genannten Gastarbeitern aus den Mittelmeer-Anrainerländern in den sechziger und siebziger Jahren entgegen, schließlich den Spät-Aussiedlern und Asylanten im letzten Jahrzehnt des 20. Jahrhunderts: Angst vor dem Fremden, Neid auf vermeintlichen oder tatsächlichen wirtschaftlichen Aufschwung, die Befürchtung, die Fremden könnten den Einheimischen etwas wegnehmen: Arbeitsplätze und Wohnraum, Steuergelder in Form von finanziellen Unterstützungen, Mädchen und Frauen, Sprache und Kultur.

Sich von solchen Ängsten und Befürchtungen zu befreien, das „Fremde" nicht unbedingt integrieren zu wollen, sondern es so zu belassen, wie es ist, alles „Fremde" als solches zu respektieren und sich daran zu gewöhnen scheint eine kulturelle und zivilisatorische Leistung, die auch bei gutem Willen nicht immer gelingt.

Das Sich-Aneinander-Gewöhnen gelingt nicht und wird von der Landesherrschaft sogar ganz gezielt verhindert in der tragischen Geschichte *Romeo und Julia in Friedrichsdorf*, erzählt von Georg Volker Dietrich. Eine der Familien ist hugenottischer Abstammung aus Friedrichsdorf, die andere ist eine deutschstämmige Familie in Köppern:

Die Geschichte, die sich vor etwa dreihundert Jahren im Neuen Dorf oder „Wälsch-Neudorf", wie das spätere Friedrichsdorf damals genannt wurde, abspielte, erinnert an das Schicksal der Liebenden in Verona, die nicht zusammenkommen durften und an dieser Liebe zugrunde gingen.

Als der Landgraf des Mini-Staates Hessen-Homburg, Friedrich II. …, nach der Aufhebung des Edikts von Nantes die französischen Emigranten aufnahm und sie auf dem Gelände des ehemaligen Dorfes Dillingen ansiedelte, erließ er strenge Bestimmungen, die den französischen Charakter der Siedlung schützen und bewahren sollten. So gab es ein Zuzugsverbot für Deutsche und ein Heiratsverbot zwischen den französischen Bewohnern des nach ihm benannten Dorfes Friedrichsdorf und Deutschen.

Da die Emigranten aber ihre Waren, hauptsächlich Textilwaren, im nahen Homburg, in der Umgebung und auch in der Reichsstadt Frankfurt verkaufen mußten und daher mancherlei Kontakte nicht zu vermeiden waren, ließen sich die Verbote nur wenige Jahrzehnte aufrechterhalten. Aber in den ersten Jahren wurden sie hier zwei jungen Leuten ebenso zum Verhängnis wie die Feindschaft zwischen den Montagues und den Capulets in Verona.

Einer der gutsituierten Textilhersteller in Friedrichsdorf hieß Jean Lejeune. Er hatte eine siebzehnjährige Tochter namens Madelaine, ein hübsches, dunkles Mädchen, schlank und temperamentvoll mit sanften braunen Augen. Jean Lejeune war mit einem Wagen voller Stoffe unterwegs nach Homburg und hatte seine Tochter mitgenommen, um ihr die Stadt und das Schloß des Landgrafen zu zeigen. Als er durch Köppern fuhr, machte er vor dem Haus des Bürgermeisters halt, um hier ein Paket Stoff abzuliefern, das der Sohn des Bürgermeisters bestellt hatte.

Johannes, so hieß der Sohn, der gerade im Garten arbeitete, wurde gerufen, um den Stoff zu übernehmen. …

So war es nicht zu vermeiden, daß Johannes das Mädchen erblickte und es voller Interesse betrachtete. …

Als der Wagen mit Vater und Tochter abfuhr, blieb er stehen und sah dem Wagen nach, solange er ihn mit den Augen verfolgen konnte. …

Johannes verliebt sich in Madelaine. Doch steht seinem Wunsch sie zu heiraten das Verbot des Landgrafen entgegen, der Mischehen von Franzosen und Deutschen nicht wünscht. Eine Zeit lang besucht Johannes aus Köppern Madelaine in Friedrichsdorf. Alsbald stellen sich Komplikationen ein. Der Stoffefabrikant untersagt dem jungen Mann seine Tochter zu sehen:

Dieser hatte längst gemerkt, was den jungen Mann bewegte, und er tat ihm leid. So bat er um Verständnis dafür, daß er eine Begegnung mit seiner Tochter vermeiden müsse. Für eine Liebelei sei ihm das Mädchen zu schade, und da eine Ehe nicht möglich sei, könne ein Zusammentreffen zu nichts führen. …

Bekümmert und in tiefen Gedanken ging Johannes nach Köppern zurück. Gab es irgendeine Möglichkeit, das Mädchen zu gewinnen? Eine Eingabe an den Landgrafen? Das war sicher zwecklos, er wür-

de wahrscheinlich überhaupt keiner Antwort gewürdigt. Bliebe noch eine Entführung des Mädchens. Aber wie sollte das möglich sein ohne Verabredung, da er doch keine Möglichkeit sah, sie zu sprechen. …

Schließlich wird Johannes krank vor Liebeskummer und schwindet dahin, bis er stirbt. Die Nachricht erreicht Madelaine, die tief getroffen ist und ebenfalls stirbt.

Wenige Jahrzehnte später, nach dem Tode des Landgrafen Friedrich II., wurde das Heiratsverbot immer mehr umgangen und geriet schließlich in Vergessenheit. In den ersten Jahren aber wurde diese gutgemeinte, jedoch zu tragischen Konflikten führende Maßnahme zwei hoffnungsvollen jungen Menschen zum Verhängnis.

In den Telefonbüchern der Region finden sich heute noch viele hugenottische Nachnamen, wenn auch ihre Trägerinnen und Träger sich manchmal kaum der Familientradition entsinnen. Die Hugenottenfamilien haben sich im Laufe der Jahrhunderte assimiliert.

Bei den türkischen Familien, die im Laufe der zweiten Hälfte des 20. Jahrhunderts in den Taunus gelangten, ist dies noch nicht immer der Fall. Die türkische Bevölkerungsgruppe stellt einen hohen Ausländeranteil im Taunus. *Gastarbeiter* sieht der Dichter hem schüppel in der Bad Homburger Altstadt:

gastarbeiter
abseits der geschäfte, promenaden,
in den winkeln hinter den gassen,
in dunkelhöfen, mauergängen
spielen kinder im bröckelnden
fachwerk mit murmeln,
spielen „suleika im serail" …

hier werden orienträcke von fingerspitzen
gerafft und bestickte pantoffeln trippeln
an barfüßigen sohlen an brennesseln vorbei
und rostigen cola-dosen …

hinter blindem fenster: teppiche,
matter messing der wasserpfeife …
vor haustüren, müde im kreuzsitz
am boden: zwei männer, die ich am morgen
an mülleimern sah – oder vor kurzem,
so mein ich – im souk, war's in ushak?
hier bei uns sind sie bewußt übersehn …

abseits der gewinne ist's schwer
aus dem schatten der flure zu treten
und dem occident das lächeln der sonne zu sein …

In dem Gedicht *Fremd* schreibt die Autorin Uschi Flacke aus Neu-Anspach über die Gefühle einer jungen Türkin namens Özay:

Fremd

Wenn Özay an der Mauer lehnt
Weil sie niemandem paßt
Dann wird sie so still
Wie Wolkenvögel
Die hoch am Himmel kreisen

Sie hält den Kopf in den Wind
Daß er die Tränen mitnimmt
Ganz weit
Fort
In Lebensländer
In Sternenwelten

Wo Tränen
Auf fruchtbaren Boden fallen

Und ihre schwarzen Augen glühen
Als hätte jemand
Ihre Seele angezündet

In der ersten oder zweiten Generation hier Geborene bewegen sich selbstsicher und unterscheiden sich kaum von jungen Einheimischen, wie Verena Blecher aus Eppstein in ihrer Geschichte erzählt: *Ich sah ihr eine Weile dabei zu, …* . Allenfalls der Teint, die Haare und Augen sehen fremdländisch aus und könnten Hinweise auf das Herkunftsland geben. Ein Gespräch zwischen der Ich-Erzählerin und der jungen, ausländisch anmutenden Frau ergibt sich nicht, so wird diese zur Projektionsfläche für die Fantasie. Beide sitzen an Nachbartischen in einem Café, wo die junge „Fremde" auf jemanden zu warten scheint und Strichmännchen auf eine Serviette malt. Sie ist ganz in ihre Arbeit vertieft und auf dem Papier erscheinen die erstaunlichsten Wesen. Der Erzählerin wandern viele Vermutungen über die mögliche Herkunft der jungen Zeichnerin im Kopfe herum:

… Auf irgendeine Weise schienen diese Wesen dort auf der Serviette alle miteinander verwandt zu sein. Da konnte es überhaupt keinen Zweifel geben. Plötzlich drängte sich meinem Denken eine ganze Menge Klischeehaftes auf: familiäre Strukturen, die in ihrer Kultur sicherlich sehr viel stärker waren als hier bei uns üblich. Andererseits im selben Maße einengend, besonders für sie als Frau. Mein Empfinden war da sehr zwiespältig. Aber wer weiß, vielleicht hatte es auch dort Veränderungen gegeben … bestimmt war das so. Für mein Leben gern hätte ich's aber genau gewusst, welchen Preis sie für ihr freies Auftreten hatte zahlen müssen. – Oder eben auch nicht. – Neugierig wandte ich mich, so unauffällig wie möglich, wieder ihr zu. Ich war fasziniert. Die junge Frau am Nebentisch war wirklich talentiert, ob sie Kunststudentin war? Oder irgendetwas Vergleichbares …? Im Geist ging ich sämtliche Berufe durch, in denen man grafische Begabung benötigte. …

Währenddessen schaut die junge Frau wiederholt auf die Armbanduhr, was die Erzählerin zu der Vermutung veranlasst, sie sei verabredet:

Ich begann über ihre Nationalität nachzudenken. Ob sie sich so einfach mit einem Mann in einem offenen Straßencafé treffen und jedermanns Blick ungehindert aussetzen konnte – oder besser: durfte?

Jetzt wandte sie sich endgültig ihrem Kuchenstück zu. Mit weni-

gen Bissen hatte sie den Rest verzehrt. Ziemlich flott, ohne dass allerdings der Eindruck von Schlingen dabei entstanden wäre. Ihre Bewegungen waren fließend, harmonisch, anmutig träfe es wohl am ehesten. Ihre beringten Finger – sie trug an jedem einen – waren schmal und graziös. Überhaupt wirkte sie zart. Der Farbton ihrer Haut erinnerte mich an eine bestimmte Olivensorte, die ich besonders gern mag. Ihr langes glattes Haar fiel ihr seidig glänzend über Schultern und den bloßen Rücken oder das, was davon sichtbar war. Sie trug ein mattgrünes Shirt mit Spaghettiträgern zu eng anliegenden Jeans, ihre feingliedrigen Füße steckten in offenen Riemensandaletten.

Für den Bruchteil eines kurzen Moments fing ich ihren Blick auf. Ob es wirklich schwarze Augen geben konnte, fragte ich mich. Ich glaubte es nicht und entschied, dass sie vermutlich von einem ganz dunklen Braun waren. Gern würde ich ihre Stimme gehört haben, ich stellte sie mir tief vor, tief und kehlig. Wenn ich Glück hatte, käme ja vielleicht ihre Verabredung noch zustande und so löste sich das eine oder andere Rätsel.

Ich vermutete, sie sei Türkin. Allerdings lebte sie zweifelsfrei schon seit vielen Jahren hier, wenn sie nicht überhaupt hier geboren war. Sie wirkte sehr selbstsicher und selbstbewusster als viele Frauen, die ich kannte.

Wieder blickte sie auf ihre Armbanduhr und dann in die Runde. Langsam ließen ihre Züge deutlichen Ärger erkennen. Ein letztes Mal hielt sie Ausschau nach allen Richtungen, dann winkte sie der Bedienung. Dabei klirrten leise eine Vielzahl von goldenen Armreifen an ihrem Handgelenk.

Ich spitzte meine Ohren. Jetzt gleich würde ich wenigstens doch noch ihre Stimme zu hören bekommen. Ob sie wohl mit starkem Akzent sprach, fragte ich mich soeben, als ein schweres Motorrad das Straßencafé passierte. …

So geht auch dieser Wunsch der Erzählerin nicht in Erfüllung. Sie hört die Stimme der jungen Frau nicht. Schließlich zahlen beide und verlassen kurz hintereinander das Café. Sie bleiben bei einem Straßenhändler mit Schmuck stehen und lächeln sich wortlos an. Die

Erzählerin wird nie erfahren, was es mit der schönen „Fremden" auf sich hatte und welcher Nationalität sie in Wirklichkeit angehörte:

… Ich blickte zur Seite. Auch sie schaute, entblößte lächelnd zwei Reihen strahlend weißer Zähne. Ein überwältigendes Lächeln traf mich, offen und voller Wärme. Sie hatte sich für einen silbernen Ring mit winzigen Türkisen entschieden. Sie bezahlte ihn, dann ging sie. Für eine kurze Weile blickte ich ihr nach. Dann war sie in der Menge verschwunden.

Bei Mädchen und jungen Frauen aus türkischen Familien, die in Deutschland geboren sind, herrschen zuhause meistens traditionelle Werte und strenge Erziehung, gehen sie jedoch nach draußen vor die Tür, finden sie sich in einer anderen Kultur mit anderen Sitten und Gebräuchen wieder. Diese Gratwanderung zwischen zwei Welten drückt Zemine Yegenoglu in der zweisprachigen Version ihres Gedicht *Memleketler? – Heimaten?* aus. Die junge Türkin ist in Deutschland geboren, in Friedrichsdorf ansässig, studiert Psychologie an der Universität in Frankfurt. *Memleketler? Beni kuran/Kültürler …*

Heimaten?

Kulturen
Die mich erfanden
Profane Wünsche
Akzeptiert zu werden

Feldterrassen
Bedächtige Teehäuser
Warmherzige Menschen
Alles so fremd

Betonwälder
Hektische Hochhäuser
Kalte Anzugsmenschen
Alles so fremd

In mir
Tosende Wasserfälle
Schäumende Wellen
Und doch
Kommen sie irgendwann
Zur Ruhe

Hoffentlich

Nicht nur Menschen fremder Herkunft leben im Taunus, auch deutsche Spätaussiedler aus östlichen Ländern, die hier eintreffen, drücken Gefühle der Fremdheit aus. Die Ankunft im Taunus kann trostlos sein für die, die ihre Heimat hinter sich gelassen haben, aus welchen Gründen auch immer.

Aus Russland in den Taunus kam Anfang der neunziger Jahre als Spätaussiedler der Autor Wendelin Mangold. Er wurde auf einem deutschen Bauernhof in der Südukraine geboren, lebte im

Nordural, danach in Sibirien und in Kasachstan, wo er als Hochschuldozent für Deutsch arbeitete, bevor er Anfang der Neunziger nach Königstein im Taunus umsiedelte. Auch er kennt die Schwierigkeiten mit der Fremde in der Heimat. Oder ist es die Heimat in der Fremde? Sein Gedicht *Hier* stellt am Ende dieses Buches eine kritische Frage, die offen bleiben soll:

Hier

Der Deutsche lebt ein deutsches,
der Türke ein türkisches und
der Jude ein jüdisches Leben.
Was für ein Leben aber lebt
ein Russlanddeutscher hier –
ein gemischtes?

Nachwort

Die *literarischen Streifzüge durch den Taunus* enden hier. Nicht alles konnte gestreift werden. Orte und Täler, Landschaften und Menschen gilt es selbst zu entdecken. Dazu können die Informationen und Tipps im Anhang hilfreich sein.

Stellvertretend wurden einige – sicher nicht alle – Autorinnen und Autoren zitiert, die im Taunus gelebt oder über ihn geschrieben haben. Auch Gäste im Taunus kamen zu Wort.

Im idealen Falle vereinigt sich beides im Taunus: Leben und Werk. Es ist eine schöne, gesegnete Landschaft, das Mittelgebirge zwischen Lahn, Main und Rhein, inspirierend für die Fantasie, schön für das Auge, heilsam für die Lunge. Ich empfinde es als ein Privileg hier im Taunus zu leben und zu schreiben.

Auch nach vielen Fahrten und Wanderungen durch den Taunus wird dieses geheimnisvolle Gebirge immer Überraschungen bieten, Aufregendes, Neues, Unentdecktes. Um es mit den Worten der Dichterin Karin Breither aus Wehrheim auszudrücken: Der Taunus ist und bleibt *terra incognita.* Er spiegelt Menschen und Zeitläufte. Wir können uns selbst entdecken, wenn wir in den Spiegel schauen. *Hinter den Spiegeln* versteckt sich immer noch etwas mehr:

Hinter den Spiegeln

Hinter den Spiegeln,
terra incognita,
Treibholz im Ozean
hinter den Spiegeln.

Hinter den Spiegeln
Treibholz im Ozean.
Hinter den Spiegeln
terra incognita.

Terra incognita
hinter den Spiegeln.
Hinter den Spiegeln
Treibholz im Ozean.

Treibholz im Ozean,
terra incognita
hinter den Spiegeln;
hinter den Spiegeln!

Infos und Tipps

Bad Homburg vor der Höhe

mit seinen eingemeindeten Ortsteilen Dornholzhausen, Gonzenheim, Ober-Erlenbach und Ober-Eschbach ist Verwaltungsstadt für den Hochtaunuskreis. Sehenswert sind der Kurpark mit Spielkasino, Russischer Kapelle und Thai Sala, außerdem das Gotische Haus mit Hutmuseum im ehemaligen Waldenserort Dornholzhausen. In der Englischen Kirche finden Ausstellungen, Konzerte und Lesungen statt. Von weither zu sehen ist der Weiße Turm im Hof des Landgrafenschlosses. Schloss und Schlosspark sind ganzjährig geöffnet. Auf den Weißen Turm hinaufzusteigen und die Rundsicht zu genießen, mit Führungen den Königsflügel, Hirschgangflügel,

Bibliotheksflügel, die Schlosskirche und den Elisabethenflügel zu besichtigen, das sollten Sie sich nicht entgehen lassen. Zu bestimmten Terminen finden literarische Sonderführungen statt: „Schloss Homburg in der Literatur“ – auf den Spuren von Goethe, Hölderlin, Kleist. Konzerte finden in der Schlosskirche und jeden Sommer auch im Schlosshof statt. Spezielle Seminare führen in die Gehölz-, Rosen- oder Kübelpflanzenpflege ein. Am Tag der Offenen Tür kann die wundervolle Schlossgärtnerei besichtigt werden, eine Oase für botanisch Interessierte.

Informationen und Anmeldung: Schloss Bad Homburg vor der Höhe, Tel. (0 61 72) 9 26 71 47.

Bad Schwalbach

an der „Bäderstraße“ (B 260) im westlichen Untertaunus wurde insbesondere durch seine kohlensäurehaltigen Mineralquellen berühmt, die seinerzeit schon Johann Wolfgang von Goethe, Johanna von Schopenhauer und viele andere Größen der Dichtkunst zu schätzen wussten. Zu Bad Schwalbach gehören sieben Stadtteile: Adolfseck, Fischbach, Heimbach, Hettenhain, Langenseifen, Lindschied und Ramschied. Waldreiche Landschaft mit schönen Wanderwegen, zum Beispiel im Stahlbrunnental, lohnen den Besuch. Im Stadtkern liegen das Apothekenmuseum, das Stadtmuseum und das Kurhaus, welches ein abwechslungsreiches Programm bietet.

Informationen gibt das Kulturamt, Adolfstraße 8, 65307 Bad Schwalbach, Tel. (0 61 24) 50 01 24.

Bad Soden

Das Alte Badehaus im Kurpark ist renoviert und seit 1998 Kulturzentrum mit Stadtbücherei, Stadtarchiv und Stadtmuseum. Außerdem gibt es ein Café im Kurpark. Sonderausstellungen im Museum werden in der Tagespresse bekanntgegeben.

Stadtmuseum Badehaus, Königsteiner Straße 86, 65812 Bad Soden, Tel. (0 61 96) 208-255 oder 208-256.

Eppstein

mit seinen eingemeindeten Stadtteilen Bremthal, Ehlhalten, Niederjosbach und Vockenhausen hat ausgedehnte Wanderwege. Sie führen zu herrlichen Ausblicken über die Stadtgebiete und die südliche Taunuslandschaft. Die Burgruine kann besucht werden. Manchmal finden hier Ausstellungen statt.

Tourist-Info, Bezirksstraße 2, 65817 Eppstein-Niederjosbach, Tel. (0 61 98) 28 63.

Friedrichsdorf

ist ein hugenottisches Straßendorf. Ortsteile sind Burgholzhausen, Dillingen, Köppern und Seulberg. In der Hugenottenstraße 93 ist das Museum mit Stadtarchiv beheimatet. Es gibt interessante Exponate aus der Geschichte Friedrichsdorfs zu sehen, u. a. die Liste der ersten Hugenotten, die 1687 nach Friedrichsdorf kamen und neue Gewerbe einführten. Gezeigt werden Erzeugnisse der Weberei, Färberei, Hutmacherei, Strumpfwirkerei und Stickerei, die noch an hugenottischen Trachten zu erkennen ist. Ein neu gestalteter Raum in dem alten Fachwerkhaus erinnert an Philipp Reis, der am Institut Garnier unterrichtete und um 1860 in Friedrichsdorf das Telefon erfand. Nach telefonischer Voranmeldung können Führungen mit Erika Dittrich vereinbart werden, die seit Oktober 2000 als Stadtarchivarin das Museum leitet.

Hugenottenmuseum, Hugenottenstraße 93, 61381 Friedrichsdorf, Tel. (0 61 72) 73 12 89.

Schöne Wanderwege führen im Ortsteil Köppern um das Waldkrankenhaus und das Köpperner Tal hinauf. In Burgholzhausen gibt es den gut erhaltenen Altstadtkern mit Kirchen und Fachwerkhäusern zu sehen. In Seulberg lohnt der Besuch des Heimatmuseums. Das alte Pfarrhaus, von dem die Hexenverfolgungen ausgingen, steht auch noch.

Informationen gibt die Stadtverwaltung: Tel. (0 61 72) 73 12 63.

Glashütten

mit seinen Ortsteilen Oberems und Schloßborn zu Füßen des Großen Feldbergs gelegen, ist im Sommer Wandergebiet, im Winter Skilaufzentrum.

Informationen gibt die Gemeinde: Tel. (0 61 74) 292-0.

Hessenpark

Das Freilichtmuseum Hessenpark liegt zwischen Wehrheim und Neu-Anspach. Es zeigt alte Fachwerkhäuser aus hessischen Landschaften samt Einrichtung, neben Scheunen, Werkstätten, Gärten, Feldern und Weideflächen. Ergänzt wird das Museums-Areal durch Dauer- oder Wanderausstellungen aus dem Bereich der Bildenden Kunst. Regelmäßig stattfindende Seminare und Veranstaltungen führen in Landschaftspflege, Naturschutz und alte Handwerkskünste ein, zum Beispiel Brotbacken, Kerzenziehen, Möbelrestaurieren. Vorführungen der Besenbinder, Korbmacher, Schmiede, Steinmetze und Stockschnitzer geben eine Vorstellung von alten, aussterbenden Berufen. Frauen in ihrer Existenz als Bäuerinnen spürt ein neues Heft nach. Die Reihe der Museumspädagogik wird ab 2001 ergänzt durch den Titel „ *... und seine Eliche haus frau*". Mit dieser von Museumspädagogin Martina Spies verfassten Broschüre lässt sich an verschiedenen Stationen des Museums ein Bild machen vom lange Zeit wenig beachteten Leben der Frau auf dem Lande.

Besondere Tage für Kinder bieten Attraktionen wie Puppenspiel, Märchen oder Seiltanz. Hier lässt sich gut ein ganzer Samstag oder Sonntag verbringen.

Freilichtmuseum Hessenpark, 61267 Neu-Anspach, Tel. (0 60 81) 588-0.

Hofheim

ist Verwaltungsstadt für den Main-Taunus-Kreis. In der schön sanierten und restaurierten Altstadt ist auf dem ehemaligen kurmainzischen Areal die Kellerei mit dem Turm zu sehen, in dem die so genannten Hexen eingesperrt wurden. Schräg gegenüber liegt das Stadtmuseum. Im Erdgeschoß präsentiert sich Das Blaue Haus und sein Künstlerkreis, der sich um die in Hofheim lebende expressionistische Malerin Hanna Bekker vom Rath scharte. Im ersten Obergeschoss gibt es Exponate aus der Hofheimer Stadtgeschichte, ganz oben ist der Bereich der Archäologie: Die 'Römer in Hofheim'.

Stadtmuseum, Burgstraße 11, 65719 Hofheim am Taunus, Tel. (0 61 92) 20 22 01.

Das von der Kulturanthropologin Erika Haindl und dem Künstler Hermann Haindl gegründete „Zentrum für altes und neues Wissen und Handeln e. V." bietet Vorträge, Seminare und Reisen zu verschiedenen kulturanthropologischen Themen an. Ein Prospekt ist erhältlich in der Hauptstraße 21, 65719 Hofheim am Taunus, Tel. (0 61 72) 6 57 19.

Idstein

besitzt elf Stadtteile. Die Idsteiner Elf sind Dasbach, Ehrenbach, Eschenhahn, Heftrich, Idstein, Kröftel, Lenzhahn, Nieder- und Oberauoff, Nieder-Oberrod, Walsdorf und Wörsdorf. Im schönen alten Kern von Idstein liegt der Hexenbuchladen, in welchem das Buch über die Idsteiner Hexenverfolgungen erhältlich ist.

Hexenbuchladen GmbH, Obergasse 10, 65510 Idstein, Tel. (0 61 26) 64 37.

Der Idsteiner Hexenmarkt findet jährlich an einem Wochenende im April statt. Das Residenzschloss, in welchem heute ein Gymnasium untergebracht ist, und der nahe gelegene Hexenturm können mit Führungen besichtigt werden. Die Stadt Idstein gibt auch themenorientierte Führungen wie „Fachwerk", „Idstein – einmal anders", „Altstadtführung für Kinder".

Informationen gibt das Fremdenverkehrsamt im Killingerhaus, König-Adolf-Platz, Tel. (0 61 26) 7 82 15.

Kelkheim

mit seinen Stadtteilen Eppenhain, Fischbach, Hornau, Münster und Ruppertshain hat ausgezeichnete Wanderwege, die zu den Schönheiten der Landschaft an der Sonnenseite des Taunus führen. An der Bahnstation in Kelkheim-Münster ist das Bahnhofsgebäude restauriert worden. Im 'Kulturbahnhof' finden Ausstellungen und Autorenlesungen statt, u. a. die Reihe „Literarische Begegnungen auf dem Ost-West-Sofa".

Kulturbahnhof, Zeilsheimer Straße 8a, 65779 Kelkheim-Münster, an der RMV-Station, Tel. (0 61 95) 7 43 49.

Königstein

mit seinen Ortsteilen Falkenstein, Mammolshain, Schneidhain bietet vielseitige Unterhaltung und Kuratmosphäre. Weithin ragen die Burgruinen Falkenstein und Königstein ins Land, als Schauplätze der Literatur und der Malerei berühmt geworden. Das Burgfest und die Veranstaltung 'Theater auf der Burg' nutzen jährlich die schöne Kulisse der Burgruine Königstein als Hintergrund.

Kur- und Stadtinformation, Tel. (0 61 74) 20 22 51.

Kronberg

mit seinen Ortsteilen Oberhöchstadt und Schönberg ist Luftkurort. Bekannt sind die Mineralquellen im Kronthal. Marie Luise Kaschnitz und Ricarda Huch lebten nach dem Krieg in Kronberg. Der Kronberger Kulturkreis organisiert Ausstellungen, Lesungen, Kabarett- und Theateraufführungen sowie Konzerte. Für diese Veranstaltungen werden die Burg Kronberg, die Galerie Hellhof, der Receptur-Keller und die Galerie Ars Vivendi genutzt.

Kronberger Kulturkreis e. V., Adlerstraße 12, 61476 Kronberg im Taunus, Tel. (0 61 73) 92 91 04.

Die Burg Kronberg kann während des Sommerhalbjahres besichtigt werden.

Burg Kronberg, Tel. (0 61 73) 77 88.

Neu-Anspach

Im Cultur Café „Die Feder“ bietet die junge Pächterin Manuela Sievers einen gemütlichen Rahmen für Ausstellungen, Konzerte und Lesungen. In dem alten Fachwerkhaus Ecke Taunusstraße und Langgasse gibt es auf zwei Stockwerken Caféhaus-Atmosphäre mit Bibliothek. Neu ist der Sonntags-Brunch. Hierzu wird um Voranmeldung gebeten.

Cultur Café „Die Feder“, Langgasse 21, 61267 Neu-Anspach, Tel. (0 60 81) 96 08 37.

Oberursel

ist ein Tor zum Taunus, am Fuße des Feldbergmassivs gelegen. Zu Oberursel gehören die Stadtteile Bommersheim, Oberstedten, Stierstadt und Weißkirchen. Sehenswert sind der mittelalterliche Stadtkern mit seinem historischen Rathaus, der gotischen Kirche Sankt Ursula, den Fachwerkhäusern rund um die Weed und das Vortaunus-Museum am Marktplatz. Keltische Funde aus dem Heidetränktal, die Geschichte der Oberurseler Mühlen und eine Hans-Thoma-Gedenkstätte sind hier untergebracht. ‘Siebentausend Jahre Leben am Urselbach’ zeigt das Vortaunus-Museum.

Vortaunusmuseum, Marktplatz 1, 61440 Oberursel, Tel. (0 61 71) 50 23 90.

Saalburgkastell und Saalburgmuseum

Das Kastell liegt an der B 456 zwischen Bad Homburg/Dornholzhausen und Wehrheim. Nicht Motorisierte können das Saalburgkastell mit der Taunusbahn ab Friedrichsdorf erreichen: Station Saalburg/Lochmühle; ab Bahnhof Bad Homburg mit dem Stadtbus Linie 5 (Saalburg). Auf der von Egon Schallmayer geleiteten Saalburg gibt es themenbezogene Führungen, Abendführungen, Kindergeburtstage, Ferienspiele und Limeswanderungen. Besondere Veranstaltungen sind die Saalburg-Konzerte und das Hot-Jazz-Festival.

Informationen und Anmeldung, Tel. (0 61 75) 93 74 00.

Schlangenbad

beherbergte im 19. Jahrhundert die Literatinnen Bettina Brentano, Johanna und Adele Schopenhauer zur Kur. Heute nennt der Ort sich Hessisches Staatsbad und hat ein Fachzentrum für Rheumatologie. Der Kurgarten und die umliegenden Tauniswälder bieten schöne Spazier- und Wanderwege. Im Theater am Park, das zum Parkhotel gehört, finden regelmäßig Lesungen, Konzerte und Theateraufführungen statt.

Kurverwaltung, Tel. (0 61 29) 410.

Schmitten

ist ein beliebter Luftkur- und Wintersportort. Er umfasst die eingemeindeten Dörfer Arnoldshain, Brombach, Dorfweil, Hunoldstal, Nieder- und Oberreifenberg, Seelenberg und Treisberg. Im Rathaus von Arnoldshain ist das Heimatmuseum untergebracht. Über Oberreifenberg, der höchstgelegenen Taunusgemeinde, prangt die Burgruine der ehemaligen Ritter von Reifenberg. Zwischen Großem und Kleinem Feldberg sind Grill- und Waldspielplätze ideale Ausflugsziele für Familien. Im Winter bieten Abfahrten mit Skilift, Übungshänge, Landlaufloipen und Rodelbahnen Vergnügen im Schnee für große und kleine Gäste. Bei Schmitten liegt das Feldbergkastell als Teil der römischen Befestigungen entlang des Limes in der Mulde zwischen dem Großen und Kleinen Feldberg, dicht an der Weilquelle.

Mit etwa 700 Metern über dem Meeresspiegel ist das Feldbergkastell das höchstgelegene Limeskastell in Deutschland. Fundamente der Umwehrung mit den vier Kastelltürmen sind deutlich erkennbar. Auch das Fahnenheiligtum, Teile des Zentralstabsgebäudes und der Grundriss eines Speichergebäudes sind heute noch sichtbar. Das Feldbergkastell ist ein lohnendes Wanderziel von Schmitten aus.

Informationen gibt die Gemeinde Schmitten, Parkstraße 2, 61389 Schmitten, Tel. (0 60 84) 46 23.

Usingen

Ausstellungen und Lesungen bietet das „Forum" in der Kreuzgasse von Usingen. Bistro, Galerie, Buch- und Musikladen sind unter einem Dach vereint.

„Forum", Kreuzgasse 7–9, 61 250 Usingen, Tel. (0 60 81) 91 33 30. Eingemeindet sind die Ortsteile Eschbach, Kransberg, Merzhausen,

Michelbach, Wernborn und Wilhelmsdorf. Die in der Nähe gelegenen Gewässer Meerpfuhl und Grünwiesenweiher liegen in schöner Landschaft. Im Hattsteinweiher darf gebadet werden. Die Eschbacher Klippen sind ein beliebtes Wanderziel.

Waldems

Am Fuße des Feldbergs, umgeben von ausgedehnten Wäldern, liegt Waldems mit seinen eingemeindeten Orten Bermbach, Esch, Nieder- und Wüstems, Reichenbach und Steinfischbach. Eine hundertjährige Linde und malerische Fachwerkhäuser schmücken Niederems.

Touristen-Information im Rathaus, 65529 Waldems-Esch, Tel. (0 61 26) 59 20.

Weilburg

In Weilburg lockt das Schloss mit Orangerie und Schlossgarten. Besondere Veranstaltungen sind der Internationale Museumstag, das Museumsfest, der Weilburger Residenzmarkt und das Adventssingen im Schlosshof. Im Juni und Juli finden jährlich die Weilburger Schlosskonzerte statt.

Schloss, 35781 Weilburg, Tel. (0 64 71) 22 36.

Weilrod

Eingemeindet in Weilrod sind die malerischen Orte Alt- und Neuweilnau, Cratzenbach, Emmershausen, Finsternthal, Gemünden, Hasselbach, Mauloff, Ober- und Niederlauken, Riedelbach, Rod an der Weil und Winden. Das älteste Pfarrhaus Deutschlands aus dem 12./13. Jahrhundert steht in Rod an der Weil, der Fachwerkbau wurde 1522 aufgestockt. Schloss Neuweilnau aus dem 14. Jahrhundert zeigt eine schöne Renaissance-Fassade und ist heute Sitz des Hessischen Forstamts. In Gemünden steht die 'Rentmauer', Rest eines keltisch-germanischen Ringwalles. Außerdem gibt es malerische Fachwerkhäuser und ein Heimatmuseum zu besichtigen. Auf der Burg Altweilnau werden Theateraufführungen und Jazzfestivals veranstaltet.

Verkehrsamt der Gemeinde Weilrod, Am Senner 1, 61276 Weilrod, Tel. (0 60 83) 95 09-0.

Wehrheim

hat die Ortsteile Friedrichsthal, Obernhain und Pfaffenwiesbach eingemeindet. Sehenswert sind die Alte Stadtmauer, das historische Stadttor, die ehemalige Klosteranlage Thron aus dem Jahre 1243 sowie die Heimatmuseen in Wehrheim und Pfaffenwiesbach.

Gemeindeverwaltung, PF 1144, 61268 Wehrheim, Tel. (0 60 81) 5 89 90.

Östlich von Wehrheim stehen die Reste des alten Limeskastells Kapersburg. Es gehört zu den besterhaltenen Kastellen in Hessen. Zu sehen sind noch die Ruinen von Kastell und Bad, zwei Torbauten in der Umwehrung, das Fahnenheiligtum des Stabsgebäudes und Teile der beheizbaren Schreibstuben. Außerdem wurde der einstige Signalturm auf dem Gaulskopf rekonstruiert. Das Kapersburgkastell ist nur auf Fußwegen erreichbar. Von der Kirche in Pfaffenwiesbach führt eine rund drei Kilometer lange Wanderung zum Kastell. Ein Führungsblatt ist beim Landesamt für Denkmalspflege Hessen in Wiesbaden erhältlich: Tel. (0 61 21) 6 90 60.

Wiesbaden

Die Kaiser-Friedrich-Therme lässt römische Badekultur wieder aufleben. Bereits die Römer nutzten in „Aquis Mattiacis" die 66,4 Grad Celsius heiße Adlerquelle, die auch die heutige Kaiser-Friedrich-Therme speist. Im Jahre 1913 eröffnet, erinnert die künstlerische Ausstattung mit Malereien, Reliefs und Ornamenten an die luxuriösen Prachtbauten der Antike. Im Irisch-Römischen Dampfbad werden rheumatische Erkrankungen behandelt. Auf 1 450 Quadratmetern erstreckt sich eine großzügig gestaltete Sauna-Landschaft mit Tepidarium, Sudatorium, Lavacrum, Sanarium, Frigidarium und Forum. Die Beleuchtung heißt in der Tradition der Antike hier Lumenarium: Lichtpunkte in langsam wechselnden Farben am Gewölbehimmel bieten den Augen Erholung und Entspannung im Ruheraum. Massagen und Packungen mit Algen, Nachtkerzenöl, Weizenkleie, Heilerde oder Ziegenbutter ergänzen das Gesundheitsangebot.

Kaiser-Friedrich-Therme, Langgasse 38–40, 65183 Wiesbaden, Tel. (06 11) 1 72 96 60.

Wer sich verschönert hat, kann in die Spielbank gehen und dort sein Glück versuchen mit Roulette, Black Jack oder Poker im Großen Spiel. Nebenan befindet sich Käfers Bistro. In den Kolonnaden des Kurhauses ist das Kleine Spiel untergebracht mit über 130 verschiedenen Automaten.

Spielbank, Kurhausplatz 1, 65189 Wiesbaden, Tel. (06 11) 53 61 00.

Literaturverzeichnis

Vorwort

Franck, Uta:
„Die Silhouette des Taunus II". (Bisher unveröffentlicht.)
Kroth, Olivia:
„taunus". In: *Jahrbuch Hochtaunuskreis 1999.* Societäts-Verlag, Frankfurt am Main 1998. S. 132.
Lattka, Heike/Hein, Rainer:
Der Taunus. Streifzug durch das hessische Mittelgebirge. Societäts-Verlag, Frankfurg am Main 2000. S. 15.
Reifenberg, Benno:
„Taunusblau". In: *In den Tag gesprochen.* Societäts-Verlag, Frankfurt am Main 1962. S. 183–187.
Velte, Olaf:
„Der Taunus". In: *Stacheldraht.* Eigenverlag, Wehrheim 1989. Ohne Seitenzahl.

1. Kapitel: Von Fauna und Flora im Taunus

Bechstein, Ludwig:
„Blutlinde". In: Wolfgang Möhring (Hg.), *Ludwig Bechstein. Aus dem Sagenschatz der Hessen.* Husum Verlag, Husum 1996. S. 12–14.
Dietrich, Georg Volker:
„Der Köhler und der Wolf". In: *Die Mühle im Reichenbachtal. Märchen und Geschichten aus dem Taunus.* Altkönig Verlag, Oberursel 1979. S. 46–55.
Dietrich, Georg Volker:
„Der Bärentöter von Bremthal". In: *Der Idsteiner Gulden. Märchen und Geschichten aus dem Taunus.* Altkönig Verlag, Oberursel 1980. S. 153–168.
Dietrich, Georg Volker:
„Der Hase von Dorfweil". In: *Der Adler auf dem Altkönig. Märchen und Geschichten aus dem Taunus.* Altkönig Verlag, Oberursel 1984. S. 7–14.
Elfenbein, Heide:
„Amsellied". (Bisher unveröffentlicht).
Franck, Uta:
„Die Prinzessin, die nicht gelangweilt werden wollte." In: *Der Prinz im*

Schaffell. Märchen für Kinder und Erwachsene. Yin Yang Media Verlag, Kelkheim 2001. S. 17–21.
Hecht, Günther:
„*Unsere Eidechsen*“. In: *Illustrierter Heimat-Kalender für den Taunus auf das Jahr 1927.* Taunusklub (Hg.). S. 119, 120.
Hölderlin, Friedrich:
„*Die Eichbäume im Taunus*“. In: *Sämtliche Werke.* Friedrich Beißner (Hg.). Cottasche Buchhandlung, Stuttgart 1944.
Kampermann, Hilde:
„*Oberlauken*“. In: Friede Schulte-Tigges/Karin Breither (Hg.), „*Hinter den Spiegeln*“. *Dichtung aus dem Usinger Land.* Walkmühlen Verlag, Usingen 1982. (Ohne Seitenzahl).
Lattka, Heike/Hein, Rainer:
„*Ein Naturpark vor der Haustüre.*“ In: *Der Taunus. Streifzug durch das hessische Mittelgebirge.* Societäts-Verlag, Frankfurt am Main 2000. S. 61–66.
Lehmann, Lothar:
„*Von Linden und anderen alten Bäumen. Naturdenkmale im Main-Taunus-Kreis.*“ In: *Zwischen Main und Taunus. Jahrbuch des Main-Taunus-Kreises 1994.* Hofheim am Taunus 1993. S. 174–182.
Mangold, Wendelin:
„*Specht*“. In: *Rund um das Leben. Gedichte.* Hg. von der Landsmannschaft der Deutschen in Rußland e. V. Kohlhammer Verlag, Stuttgart 1998. S. 63.
Schlegel, Friedrich:
„*Der Feldberg, 1805*“. In: J. I. Gerning, *Die Lahn- und Maingegenden.* Wiesbaden 1821.
Schumacher-Nelles, Marie:
„*Drei Hasen*“. In: Hilde Kampermann (Hg.), *Poetisches aus Merzhausen von Marie Schumacher-Nelles (1884–1968).* Pastore Design, Usingen 1993. (Ohne Seitenzahl).
Sindermann, Anna:
„*Schafskopf*“. In: *Nur ein Flügelschlag. Neue Alltagsgedichte.* Edition Dax, Hamburg o. J. S. 48.
Walsh, Gerta:
Bad Homburg kurios. Societäts-Verlag, Frankfurt am Main 2000. S. 7.

2. Kapitel: Der Taunus im Wechsel der Jahreszeiten

Chidolue, Dagmar:
„*Oktober*“ (bisher unveröffentlicht).
Dietrich, Georg Volker:
„*Der Meerpfuhl*“. In: *Der Adler auf dem Altkönig. Märchen und Geschichten aus dem Taunus.* Altkönig Verlag, Oberursel 1984. S. 81–86.

Edelmann, Carl:
„Brombeerernte“. In: *Illustrierter Heimat-Kalender für den Taunus auf das Jahr 1927.* Taunusclub (Hg.). Frankfurt/Bad Homburg/Wiesbaden.
Franck, Uta:
„November“. In: *Unterwegs oder Die Schleusenwärterin ist ein Kunstwerk von Barlach.* Lectura-Verlag, Nürnberg 2000. S. 124.
Goethe, Johann Wolfgang von:
Dichtung und Wahrheit. Zweiter Teil, sechstes Buch. In: *Goethes Werke.* Hg. von Erich Trunz. Verlag Christian Wegner, Hamburg 1948. Band 9. S. 226.
Hartmann, Edith:
„Ein Zug fährt ab“. In: *Ein Hauch Sommer. Erzählungen von daheim.* Husum Verlag, Husum 1999. S. 107–111.
Helmreich, Lisa:
„Das Mekka der Rodler“. In: *Taunuszeitung* vom 17. Februar 2001.
Incledon, Charles V.:
The Taunus or Doings and Undoings. Mainz 1837.
Kerber, Solveig:
„April“. In: Olivia Kroth (Hg.), *Textsammlung der Philipp-Reis-Schule Friedrichsdorf.* Juli 1997. S. 27.
Pfeffer, Paul:
„Kelkheim“. (Bisher unveröffentlicht).
Rückert, Helmtrud:
„Geschenk an den Freund“. In: Friede Schulte-Tigges/Karin Breither (Hg.): *„Seidenfäden spinnt die Zeit“. Dichtung aus dem Usinger Land.* Walkmühlen Verlag, Usingen 1982. (Ohne Seitenzahl).
schüppel, hem:
„frühlingsmittag in der altstadt“. In: *im lächeln des homburger frühlings.* Friedrichsdorf 1982. S. 37.
Schumacher-Nelles, M.:
„Gladiolen – Abschied“. In: *Poetisches aus Merzhausen.* (Ohne Seitenzahl.)
Wagner, Klaus (Hg.):
„Die Jammerhecke bei Brombach“. In: *Geliebtes Usinger Land. Geschichte und Erzählungen unserer Heimat.* Walkmühlen Verlag, Usingen 1982. S. 197.

3. Kapitel: Von Sonne, Mond und Sternen

Berg, Ingrid:
„Nebel mit Himmelssicht. Ein Besuch beim Taunus-Observatorium auf dem Kleinen Feldberg“. In: *Jahrbuch Hochtaunuskreis 2000.* Societäts-Verlag, Frankfurt am Main 1999. S. 120–124.

Berlinghof, Regina:
„Flughafen Frankfurter Kreuz“. 12. 2. 2000 im Internet: http://www.berlinerzimmer.de/tagebau/tagebau 060200-120200.htm.
Brüder Grimm:
„Der Mond und seine Mutter“. In: *Kinder- und Hausmärchen. 2 Bände.* Deutscher Taschenbuch Verlag, München 1984.
Eisenacher, Nelly:
„Ich sitze/auf der wiese“. In: Olivia Kroth (Hg.), *Textsammlung der Philipp-Reis-Schule Friedrichsdorf.* Juli 1997. S. 32.
Elfenbein, Heide:
„Der Mondbaum“. In: *Nacht lichter als Tag.* Edition L. Loßburg/Schwarzwald 1992. S. 166.
Franck, Uta:
„Die Liebeshände der Sonne“ und *„Das Märchen von der kalten Sonne.“* In: *Der Prinz im Schaffell. Märchen für Kinder und Erwachsene.* Yin Yang Media Verlag, Kelkheim 2001. S. 28–35, 76–79.
Früh, Sigrid:
Der Mond. Märchen, Brauchtum, Aberglaube. Verlag Stendel, Waiblingen 1999. S. 7, 39–44, 83–85, 87, 88.
Mangold, Wendelin:
„Nachthimmel“. In: *Rund um das Leben. Gedichte.* S. 76.
Riesbeck, Johann Kaspar:
„Briefe eines reisenden Franzosen über Deutschland an seinen Bruder zu Paris“. In: *Jahrbuch Hochtaunuskreis 1998.* Societäts-Verlag, Frankfurt am Main 1997. S. 19–22.
Scherf, Dagmar:
„Kopfunter“. In: *Zeit-Gedichte.* Kürbiskern. Damnitz-Verlag im Verlag Plambeck. Neuss und München 1985. S. 24.
schüppel, hem:
„vor der höhe“. In: *im lächeln des homburger frühlings.* Friedrichsdorf 1982. S. 52.

4. Kapitel: Ein Ausflug zu Kelten, Chatten und Römern

Klein, Thomas F.:
„Altkönig/Kleiner Feldberg. Keltischer Fürstensitz unter den Wolken“. In: *Unterwegs im Hessenland und in der Nachbarschaft.* Societäts-Verlag, Frankfurt am Main 1994. S. 212–215.
Kroth, Olivia:
„Saalburg“. In: *Jahrbuch Hochtaunuskreis 1999.* Societäts-Verlag, Frankfurt am Main 1998. S. 176.

Lattka, Heike/Hein, Rainer:
„Keltische Ringwälle und der römische Limes zeugen von der Antike." In: *Der Taunus. Streifzug durch das hessische Mittelgebirge.* Societäts-Verlag, Frankfurt am Main 2000. S. 20–25.
Laufer, Eckhard:
„Neue archäologische Denkmäler im Hintertaunus". In: *Jahrbuch Hochtaunuskreis 1995.* Societäts-Verlag, Frankfurt am Main 1994. S. 27–41.
Laufer, Eckhard:
„Kelten im Heisterbachtal. Ein Bericht zur baubegleitenden archäologischen Untersuchung der Heisterbachstraße." In: *Jahrbuch Hochtaunuskreis 2000.* Societäts-Verlag, Frankfurt am Main 1999. S. 173–178.
Meister, Leila von:
Gathered Yesterdays. Geoffrey Bles, London 1963. S. 46, 47. Übersetzung aus dem Englischen von Olivia Kroth mit Genehmigung der Familie Albrecht von Meister, Bad Homburg vor der Höhe.
Mühlhause, Elard:
„Die aus der Sagenzeit stammenden Gebräuche der Deutschen, namentlich der Hessen." In: *Zeitschrift des Vereins für Hessische Geschichte und Landeskunde. Neue Folge 1.* 1867. S. 256ff.
Riesbeck, Johann Kaspar:
Briefe eines reisenden Franzosen über Deutschland an seinen Bruder zu Paris. Stuttgart 1967.
Ruttmann, Irene:
Titus kommt nicht alle Tage. Verlag Oetinger, Hamburg 1980. S. 12–22. Neuauflage im Deutschen Taschenbuch Verlag, München 2000.
Schallmayer, Egon:
„100 Jahre Saalburg 1897–1997. Gedanken zum Jubiläum". In: *Jahrbuch Hochtaunuskreis 1997.* Societäts-Verlag, Frankfurt am Main 1996. S. 35–46.
schüppel, hem:
„manchmal ängstige ich, daß die fliehburgen der kelten" (bisher unveröffentlicht).
Sindermann, Anna:
„Über die Saalburg". In: *Nur ein Flügelschlag.* S. 60.
Tacitus, Publius Cornelius:
„Die Chatten". In: *Germania.* (31. Kapitel). Stuttgart 1971.
Weitzel, Johannes Ignatz:
Briefe vom Rhein. Scheibles Verlags-Expedition, Leipzig und Stuttgart 1834.

5. Kapitel: Von Riesen, Wichteln und Zwergen

Bechstein, Ludwig:
„Die Eppsteiner" und *„Die Wisperstimme".* In: Wolfgang Möhring (Hg.),

Ludwig Bechstein. Aus dem Sagenschatz der Hessen. Husum Verlag, Husum 1996. S. 11, 12, 18, 19.

Benkert, Heinz:
„Butznickel – Rentmauer/Dattenberg, der sagenumwobene Bergrücken bei Schloßborn“. In: *Jahrbuch Hochtaunuskreis 1997.* Societäts-Verlag, Frankfurt am Main 1996. S. 159–166.

Brüder Grimm:
„Schneeweißchen und Rosenrot“. In: *Kinder- und Hausmärchen. 2 Bände.* Deutscher Taschenbuch Verlag, München 1984.

Dietrich, Georg Volker:
„Das Pfarrhaus in Rod“. In: *Der Idsteiner Gulden. S. 66–73. „Die Mühle im Reichenbachtal“, „Die Riesen auf dem Hünerberg“.* In: *Die Mühle im Reichenbachtal. Märchen und Geschichten aus dem Taunus.* Altkönig Verlag, Oberursel 1979. S. 5–14 und S. 60–73.

Grube, A. W. (Hg.):
Charakterbilder deutschen Landes und Lebens für Schule und Haus. Brandstetter Verlag, Leipzig 1885.

Wagner, Klaus:
„Der Heinzenberger Riese. Eine Sage um ein altes Grab auf dem Grävenwiesbacher Friedhof“. In: *Geliebtes Usinger Land. Geschichte und Erzählungen unserer Heimat.* Walkmühlen Verlag, Usingen 1982. S. 229, 230.

Willibald:
„Wie Bonifatius die Donareiche fällte“. In: Reinhold Rau (Hg.), *Briefe des Bonifatius. Willibalds Leben des Bonifatius.* Wissenschaftliche Buchgesellschaft, Darmstadt 1968.

6. Kapitel: Von Feen, Wasserweibchen, Nixen und Frau Holle

Bierwirth, Joachim:
„Die Backes“ und *„Frauenalltag“.* In: *Merzhausen im Taunus 1293–1993.* Hg. von der Dorfgemeinschaft Merzhausen e. V. Verlag Fritz-Albert Esser, Weilrod 1993. S. 65–67 und S. 167–170.

Brüder Grimm:
„Frau Holle“. In: *Kinder- und Hausmärchen. 2 Bände.* Deutscher Taschenbuch Verlag, München 1984.

Dietrich, Georg Volker:
„Das Wasserweibchen“ und *„Die gute Fee von Falkenstein“.* In: *Die Mühle im Reichenbachtal. Märchen und Geschichten aus dem Taunus.* Altkönig Verlag, Oberursel 1979. S. 83–92, 160–171.

Früh, Sigrid:
„Brauchtum und Aberglaube“, „Frau Holles Apfelgarten“, „Holunder tut

Wunder". In: *Rauhnächte. Märchen, Brauchtum, Aberglaube.* Verlag Stendel, Waiblingen 1998. S. 59, 70–74.
Kampermann, Hilde:
„*Die Nixe im Meerpfuhl*". In: *Usinger Anzeiger*, Beilage *Kinderzeitung*. Nr. 59. Usingen, April 1991.

7. Kapitel: Von Burgen im Taunus

Chidolue, Dagmar:
„*Gras und Beton*" (bisher unveröffentlicht).
Dettborn, Horst:
„*Die Burg*". In: Friede Schulte-Tigges/Karin Breither (Hg.), „*Seidenfäden spinnt die Zeit*". *Dichtung aus dem Usinger Land.* Walkmühlen Verlag, Usingen 1982. (Ohne Seitenzahl).
Dietrich, Georg
„*Der fliegende Ritter von Schloßborn*". In: *Die Mühle im Reichenbachtal. Märchen und Geschichten aus dem Taunus.* Altkönig Verlag, Oberursel 1979. S. 30–39.
Dumas, Alexandre:
Albine oder die Erscheinung auf dem Schlosse Eppstein. Roman. Deutsch von August Schrader. Zwei Bände. Bergers Buchhandlung, Leipzig 1847.
Dumas, Alexandre:
Eine Reise an die Ufer des Rheins im Jahre 1838. Wilhelm Heyne Verlag, München 1999. S. 124–126.
Geisel, Theo:
„*Die Rache des Keilers*". In: Klaus Wagner (Hg.), *Geliebtes Usinger Land. Geschichten und Erzählungen unserer Heimat.* Walkmühlen Verlag, Usingen 1982. S. 203, 204.
Klein, Thomas F.:
„*Königstein im Taunus*". In: *Unterwegs im Hessenland und in der Nachbarschaft.* Societäts-Verlag, Frankfurt am Main 1994. S. 184–186.
Lattka, Heike/Hein, Rainer:
„*Der Stein Eppos.*" und „*Die Schlacht von Kronberg.*" In: *Der Taunus. Streifzug durch das hessische Mittelgebirge.* Societäts-Verlag. Frankfurt am Main 2000. S. 28, 29, 31, 32.
Wagner, Georg:
„*Sage vom Glockenweiher bei Schmitten*". In: Klaus Wagner (Hg.), *Geliebtes Usinger Land. Geschichten und Erzählungen unserer Heimat.* Walkmühlen Verlag, Usingen 1982. S. 179–181.
Wagner, Klaus (Hg.):
„*Ritter Philipp von Reifenberg. Eine Sage aus dem Taunus*". In: *Geliebtes*

Usinger Land. Geschichte und Erzählungen unserer Heimat. Walkmühlen Verlag, Usingen 1982. S. 195, 196.
Welchert, Hans-Heinrich:
„*Blick über das Land. Königstein und Falkenstein.*" In: *Hessische Burgen und Schlösser.* Societäts-Verlag, Frankfurt am Main 1990. S. 32–40.

8. Kapitel: Von Hexenverfolgung im Taunus

Berlinghof, Regina:
„*Kundry*". In: *Wüste, Liebe und Computer. Geschichten.* Yin Yang Media Verlag, Kelkheim 2000. S. 30–44.
Bromberger, Barbara:
Hexen und Madonnen. Spurensuche zwischen Wetterau und Rheingau. Verlag für Akademische Schriften, Frankfurt am Main 1997. S. 12, 59–63, 66–70.
Brüder Grimm:
„*Hänsel und Gretel*" und „*Jorinde und Joringel*". In: *Kinder- und Hausmärchen. 2 Bände.* Deutscher Taschenbuch Verlag, München 1984.
„*Chirurgischer Befund der Todesursache einer 1682 in der Tortur abgeschiedenen Hexe zu Wehrheim*". In: *Alt-Nassauischer Kalender für 1905.* S. 47–51.
Flothmann, Gilla/Müller, Hilke, u. a.:
Den Hexen auf der Spur … Über Hexenprozesse am Beispiel Idstein 1676. Verlag Hexenbuchladen, Idstein 1986. S. 6, 7, 39, 87.
Koppenhöfer, Johanna:
„*Die Köpperner Hexenprozesse …*". In: *Suleburc Chronik. Schriften zur Geschichte der Stadt Friedrichsdorf.* Heft 7/1996. S. 44–54.
Luschberger, Franz:
Hexenprozesse zwischen Main und Taunus. Protokoll der Offenbarungen und Grausamkeiten. Tanja-Verlag, Hochheim am Main 1991. S. 12, 165–180.
Scherf, Dagmar:
Homburger Hexenjagd oder Wann ist morgen? Fakten und literarische Texte zur „Hexenverfolgung" in einer hessischen Landschaft. Verlag für Akademische Schriften, Frankfurt am Main 2000. S. 5–7, 28, 29, 59.
Schlecker, Roswitha:
„*Hexenprozesse im Oberamt Höchst und Hofheim*". In: *Jahrbuch Main-Taunus-Kreis 2001.* S. 59–66.

9. Kapitel: Von Märchenschlössern und Dichterresidenzen

Brüder Grimm:
„*Dornröschen*". In: *Kinder- und Hausmärchen. 2 Bände.* Deutscher Taschenbuch Verlag, München 1984.
Droescher, Emilie:
Briefe der Prinzessin Wilhelm von Preußen, geb. Prinzessin Marianne von Hessen Homburg. Steinhäusser, Bad Homburg 1904. S. 84–89.
Gernhardt, Robert:
„*Monolog des Prinzen von Hamburg, dem der Kurfürst soeben mitgeteilt hat, er dürfe nicht mehr, wie er wolle*". In: *Wörtersee. Gedichte.* Verlag Zweitausendeins, Frankfurt am Main 1981. Neuauflage: S. Fischer Verlag, Frankfurt am Main 1996. S. 156, 157.
Goethe, Johann Wolfgang von:
„*Pilgers Morgenlied. An Lila*". In: *Goethes Werke.* Hg. von Erich Trunz. Christian Wegner Verlag, Hamburg 1948. Band 1. S. 86, 87.
Kleist, Heinrich von:
„*Prinz Friedrich von Homburg. Ein Schauspiel.*" In: *Dramen. Dritter Teil.* Carl Hanser Verlag, München 1961.
Metz, Klaus-Dieter:
Goethe und Homburg. „Von da bin ich nach Homburg und habe wieder das Leben lieb gewonnen." In: *Aus dem Stadtarchiv. Vorträge zur Bad Homburger Stadtgeschichte 1998/99.* Bad Homburg 2000. S. 27–55.
Ruttmann, Irene:
Der Goldmacher. Anrich Verlag, Modautal-Neunkirchen 1982.
schüppel, hem:
„*absender: hölderlin*". In: *im lächeln des homburger frühlings.* Friedrichsdorf 1982. S. 24.
Walsh, Gerta:
Bad Homburg kurios. Societäts-Verlag, Frankfurt am Main 2000. S. 67.
Welchert, Hans-Heinrich:
„*Barocke Residenz. Das Schloß zu Weilburg*". In: *Hessische Burgen und Schlösser.* Societäts-Verlag, Frankfurt am Main 1990. S. 191–196.

10. Kapitel: Die Kurbäder des Taunus in der Weltliteratur

Conte Corti, Egon Caesar:
Der Zauberer von Homburg und Monte Carlo. Insel Verlag, Leipzig 1932. S. 61, 62, 261–267.
Cordsen-Enslin, Rosemaria:
„*Froschleben*". (Bisher unveröffentlichte Erzählung).

Dostojewski, Fjodor:
Der Spieler. Roman. Aus den Notizen eines jungen Mannes. In: *Sämtliche Romane und Erzählungen, Bd. 1–11.* Aufbau-Verlag, Berlin/Weimar 1994. Bd. 6. S. 517–521.

Fontane, Theodor:
Effi Briest. Insel Verlag, Frankfurt am Main 1994. S. 265, 266.

Goethe, Johann Wolfgang von:
„Selige Sehnsucht". In: *Goethes Werke.* Hg. von Erich Trunz. Christian Wegner Verlag, Hamburg 1948. Band 2. S. 18, 19.

Huth, Konrad:
„Kurpark Bad Homburg. Dostojewski fand ihn wunderschön." In: Rainer Hein (Hg.), *Gartenkunst in Hessen. Spaziergänge durch historische Anlagen und Parks.* Societäts-Verlag, Frankfurt am Main 1998. S. 48–53.

Krauskopf, Gunther:
„Goethes Suleika dichtet in Soden". In: *Jahreschronik 1981. Bad Soden am Taunus.* Bad Soden am Taunus 1982. S. 33–41.

Krauskopf, Gunther:
„Soden in zeitgenössischen Schilderungen: Frühlingswogen von Iwan Turgenjew". In: *Jahreschronik 1982. Bad Soden am Taunus.* Bad Soden am Taunus 1983. S. 18–23.

Krauskopf, Gunther:
„Die Tolstois 1860 in Soden". In: *Jahreschronik 1983. Bad Soden am Taunus.* Bad Soden am Taunus 1984. S. 45, 46.

Mann, Thomas:
Bekenntnisse des Hochstaplers Felix Krull. Der Memoiren erster Teil. S. Fischer Verlag, Frankfurt am Main 1954.

Metz, Klaus-Dieter:
„Schauplatz Bad Homburg 1901. Edzard Schapers Roman Attentat auf den Mächtigen." In: *Aus dem Stadtarchiv. Vorträge zur Bad Homburger Geschichte 1996/97.* Bad Homburg S. 41–66.

Michler, Elli:
„Bad Homburg". In: Elli Michler, *Laß der Seele ihre Träume. Begegnungen mit der Natur.* Don Bosco Verlag, München 1996. S. 46.

Paquet, Alfons:
„Wiesbaden, ein Lebensbild". In: *Wiesbadner Tageblatt* vom 1. Oktober 1927.

Schaper, Edzard:
Attentat auf den Mächtigen. Roman. S. Fischer Verlag, Frankfurt am Main 1957. S. 5, 20.

Stern, Bolko:
„Eine Erinnerung an Goethe und Demel". In: *Illustrierter Heimat-Kalender für den Taunus auf das Jahr 1927.* Taunusklub (Hg.). Frankfurt/Bad Homburg/Wiesbaden.

Thackeray, William Makepeace:
Jahrmarkt der Eitelkeit. Ein Roman ohne Held. Zweiter Band. Insel Verlag, Frankfurt am Main 1980. S. 421, 422.
Tolstoi, Leo:
Anna Karenina. Roman. Winkler Verlag, München 1987.
Vrowenstein, Elka:
Wiesbadener Roulette. Kriminalroman. Eichborn Verlag, Frankfurt am Main 1999. S. 8–10.
Walsh, Gerta:
„*Ritters Park-Hotel. Treffpunkt der großen Welt.*" In: *Aus dem Stadtarchiv. Vorträge zur Bad Homburger Geschichte 1998/99.* Bad Homburg vor der Höhe 2000. S. 7–25.
Wolf, Karl:
„*Bettina Brentano in Schlangenbad*". In: *Illustrierter Heimat-Kalender für den Taunus auf das Jahr 1929.* Taunusklub (Hg.). Frankfurt/Bad Homburg/Wiesbaden.

11. Kapitel: Vom Fremdsein im Taunus

Baeumerth, Angelika:
300 Jahre Friedrichsdorf 1687–1987. Friedrichsdorf 1987. S. 10, 13, 15, 16, 22, 23, 38, 39.
Blecher, Verena:
„*Ich sah ihr eine Weile dabei zu, ...*". (Bisher unveröffentlichte Erzählung).
Dietrich, Georg Volker:
„*Romeo und Julia in Friedrichsdorf*". In: *Die Mühle im Reichenbachtal. Märchen und Geschichten aus dem Taunus.* Altkönig Verlag, Oberursel 1979. S. 142–152.
Dumas, Alexandre:
Eine Reise an die Ufer des Rheins im Jahre 1838. Wilhelm Heyne Verlag, München 1999. S. 121.
Flacke, Uschi:
„*Fremd*". In: Uschi Flacke (Hg.), *Weil du ein Mädchen bist. Geschichten, Facts und starke Stücke für Mädchen, die es wissen wollen.* Quell Verlag, Stuttgart 1996. S. 209.
Gercken, Philipp W.:
Reisen durch Schwaben, Baiern, die angränzende Schweiz, Franken, die Rheinische Provinzen, und an der Mosel etc. in den Jahren 1779–1787. Worms 1788. S. 240, 241.
Lattka, Heike/Hein, Rainer:
„*Glaubensflüchtlinge sorgen für den Wirtschaftsaufschwung.*" In: *Der Tau-*

nus. Streifzug durch das hessische Mittelgebirge. Societäts-Verlag, Frankfurt am Main 2000. S. 50.
Mangold, Wendelin:
„Hier“. In: *Deutschland, hin und zurück. Reisegedichtzyklen.* BMV Verlag Robert Burau, Lage-Hörste 2001. S. 39.
Privat, Emile Constantin:
Hugenottisches Leben. Bilder aus der Friedrichsdorfer Chronik. Baden-Baden 1950.
schüppel, hem:
„gastarbeiter“. In: *im lächeln des homburger frühlings.* Friedrichsdorf 1982. S. 42.
Yegenoglu, Zemine:
„Memleketler? – Heimaten?“. In: Olivia Kroth (Hg.), *Textsammlung der Philipp-Reis-Schule Friedrichsdorf.* Juli 1996. S. 8, 9.

Nachwort

Breither, Karin:
„Hinter den Spiegeln“. In: *Hinter den Spiegeln.* (Ohne Seitenzahl).

Die Autorin und der Verlag danken allen Rechtsinhabern, die Nachdrucke von Gedichten und Textauszügen genehmigt haben.

Illustrationsverzeichnis

Seite 167:	Bad Homburger Bahnhof
Seite 171:	Bad Homburg vom Rotlaufweg gesehen
Seite 175:	Im Hessenpark
Seite 180:	Landschaft bei Usingen
Seite 182:	Stoppelfeld bei Wehrheim-Friedrichsthal

Außer dem Ölbild der Russischen Kapelle (S. 150) sind alle Bilder Aquarelle. Sie entstanden im Laufe der letzten fünf Jahre.

Heinz Mais,
Bad Homburg vor der Höhe, Sommer 2001

In der Reihe *Literarische Streifzüge* bereits erschienen

Im Rheingau wurde Literaturgeschichte geschrieben. Von Goethe bis heute inspiriert eine der schönsten Regionen Deutschlands die Dichter und Künstler. In diesem Buch findet man die besten Stellen berühmter Autoren, die über den Rheingau nachdachten, sich von ihm begeistern und beseelen ließen oder einfach nur gedankenvoll an seinen Ufern schlenderten. Mit klugen, manchmal auch etwas despektierlichen Kommentaren führen die beiden Autoren *Heiner Boehncke* und *Hans Sarkowicz* durch ein Kaleidoskop von Weltliteratur.

Ein Buch für jeden, der auf eine nicht nur literarische Entdeckungsreise gehen möchte.

192 Seiten, mit zahlreichen Abbildungen, gebunden,
34,80 DM
ISBN 3-7973-0746-2

„… ein vergnügliches Lesebuch.“ (FAZ)

„Ein zum Lesen und Reisen gleichermaßen schönes Buch.“ (EKZ-Informationsdienst)